社交与礼仪

吴学刚 ◎ 编著

德宏民族出版社

图书在版编目（CIP）数据

社交与礼仪 / 吴学刚编著． -- 芒市：德宏民族出版社，2019.11
ISBN 978-7-5558-1298-2

Ⅰ．①社… Ⅱ．①吴… Ⅲ．①社交礼仪-通俗读物 Ⅳ．① C912-49

中国版本图书馆 CIP 数据核字 (2019) 第 208175 号

书　　名：社交与礼仪
作　　者：吴学刚　编著

出版·发行　德宏民族出版社	责任编辑　思铭章
社　　址　云南省德宏州芒市勇罕街1号	责任校对　尹丽蓉
邮　　编　678400	封面设计　U+Na 工作室
总编室电话　0692-2124877	发行部电话　0692-2112886
汉文编室　0692-2111881	民文编室　0692-2113131
电子邮箱　dmpress@163.com	网　　址　www.dmpress.cn
印　刷　厂　永清县晔盛亚胶印有限公司	

开　　本	145mm×210mm　1/32	版　　次	2019年11月第1版
印　　张	7	印　　次	2019年11月第1次
字　　数	180千字	印　　数	10000册
书　　号	ISBN978-7-5558-1298-2	定　　价	38.00元

如出现印刷、装订错误，请与承印厂联系调换事宜。印刷厂联系电话：13683640646

前　言

孔子曰："不学礼，无以立"，就是说，一个人如果不学习礼仪，不懂得礼仪，就很难在社会上占有一席之地，更谈不上获得成功了。礼仪是人类文化的一个重要组成部分，是人们约定俗成的行为准则和说话办事的种种规范。同样，在社交活动中，礼仪起着至关重要的作用。

社交与礼仪对每个人来说都很重要，二者相辅相成，没有明显的界限，这是人际交往与沟通的必要组成部分。讲究礼仪也是社会进步的重要标志，只有讲究礼仪，你的交际应酬才会更加顺畅。

谁都想拥有成功的人生，谁都想在人际交往中显山露水，展现风采！其实想拥有这些并不难，只要你留心自己的一言一行，时时处处尊重他人、理解他人，言谈举止诚恳谦和，待人接物大方得体，在交际中你必然会塑造出完美的形象，拥有你梦寐以求的成功人生。

我们生活在一个讲"礼"的环境里，如果你不讲"礼"，简直就是寸步难行，被人唾弃。"以礼服人""礼多人不怪"，这是古老的中国格言，它在今天仍有十分实用的效果。随着社会

社交与礼仪

的进步，人类文明的发展，人们的社会交往日益频繁。礼仪作为联系沟通交往的桥梁，显得更为重要。时刻注意礼仪的人，能时刻注意举止雍容大方，进退有度，待人接物得体，这些能给别人带来尊重、给自己带来自信的礼仪，能使我们的世界充满理解和爱。反之，将在他人心中树立起一道篱笆，让他人敬而远之。

无论是否有机会接受良好的教育，无论你的社会地位高低或财富多少，无论你的志向有多远大，只要你想要成功，你就应该要求自己开始注意一些生活中看起来琐碎的小事。说一句简单的"谢谢"，对任何一位服务员都给以友好的称赞，即使服务是有偿的；由于你给他人带来了不便和打扰，真诚地说一声"对不起"；设身处地站在别人的立场来看待问题，考虑别人的感受；耐心倾听别人的谈话，对其谈话内容表现出兴趣，这些都是我们通常所说的礼貌，都是我们应该做到的。

生活中的礼仪细节并非人人都精通，但只要我们把礼仪的基本内容铭记于心，在社交场合，娴熟运用，可以很好地提升个人的竞争力。

为了帮助广大读者较好地掌握各种场合所需要的礼仪知识，我们编撰了《社交与礼仪》一书。全书共分8个章节，分别涉及了个人形象礼仪、社交礼仪、日常生活礼仪、商务礼仪、职场礼仪、餐饮舞会礼仪、涉外礼仪、说话礼仪等多种礼仪规范，是一本实用性很强的社交礼仪指南。

无论是商务人士、职场人士，还是刚刚步入社会的年轻人，通过阅读本书，相信都能受益匪浅。

目 录

第一章 大方有礼，用形象打开对方的心门

1. 干净整洁是形象礼仪第一步……………………3
2. 得体的服饰是对他人的尊重……………………5
3. 注意自己的仪容美………………………………12
4. 精选配饰，锦上添花……………………………15
5. 恰到好处的化妆…………………………………19
6. 良好的形象从头开始……………………………22
7. 戴帽子的礼仪……………………………………26
8. 戴手套的礼仪……………………………………29

第二章 举止得体，给人留下良好第一印象

1. 举止得当，礼貌周到……………………………33
2. 恰当地运用表情的礼仪…………………………36
3. 手势的运用要合乎礼仪…………………………39

4. 坐姿的礼仪讲究 41
5. 站姿是优美仪态的起点 45
6. 走路也应当遵守礼仪 46
7. 重视公共场所礼仪 49

第三章 社会交往，让你有礼走遍天下

1. 微笑是社交中不可缺少的礼节 55
2. 注意握手的细节 58
3. 做客拜访礼仪 62
4. 请客吃饭也要讲礼节 65
5. 交换名片有"讲究" 68
6. 迎来送往的礼仪 71
7. 电话交谈讲礼仪 73
8. 恰当地赠送礼品 75

第四章 有礼有"距"，如鱼得水玩转职场

1. 求职面试礼仪 83
2. 新进员工的职场礼仪 85
3. 同事之间相处的礼仪 88
4. 与上司相处的礼仪 90
5. 领导要尊重下属 92

6. 工作会议礼仪 96
7. 职场形象靠礼仪 99

第五章 商务应酬，卓越人士的礼仪之窗

1. 商务接待礼仪 105
2. 商务拜访礼节 108
3. 谈判中的礼仪不可少 111
4. 不可小视茶话会 114
5. 交接仪式礼仪 117
6. 签约仪式礼仪 121
7. 正确的使用商务请柬 124

第六章 礼貌说话，有礼有节好沟通

1. 不失分寸地进行自我介绍 131
2. 和不同人交谈的礼仪 134
3. 闲聊也要讲究方法和礼仪 136
4. 恰当地称呼他人 138
5. 正确地利用介绍广交朋友 141
6. 巧妙赞美别人 144
7. 演讲的礼仪 147

第七章 餐饮舞会,餐桌上将优雅做到极致

1. 中餐宴会要注意细节……………………………153
2. 西餐宴会必须符合礼仪…………………………157
3. 吃西餐的基本礼仪………………………………160
4. 舞会上的礼仪……………………………………169
5. 自然从容不失礼…………………………………179

第八章 涉外礼仪,国际交往不失大体

1. 涉外人员的形象妆容……………………………185
2. 涉外活动中的得体应对…………………………187
3. 外宾的迎送与接待………………………………190
4. 掌握涉外仪式中的礼仪…………………………192
5. 用礼貌成就涉外活动……………………………195
6. 有品位的宴请活动………………………………200
7. 部分亚洲国家的社交礼仪………………………203
8. 部分欧美国家的社交礼仪………………………207
9. 其他国家的礼仪…………………………………211
10. 世界各国的民俗禁忌……………………………214

第一章　大方有礼，用形象打开对方的心门

　　有"礼"走遍天下，无"礼"寸步难行，个人礼仪将直接影响一个人的受欢迎度，所以形象礼仪是众多礼仪中比较重要的一部分。个人形象礼仪包括仪容、表情、举止、服饰等方面的礼节规范。它是评价一个人的重要因素，体现出一个人的气质与修养，是值得注重的重要方面。

第一章 大方有礼，用形象打开对方的心门

1. 干净整洁是形象礼仪第一步

世界上有多少人就有多少种容貌，但是不管什么样的容颜，使它焕发光彩的第一步必然是干净整洁，这是最起码的礼仪要求。没有人会称赞一个外表上看起来脏兮兮的人有品位、有魅力，况且注重清洁也是尊重他人的一种表现。

干净整洁的外表能给人留下良好的第一印象，是仪态礼仪最基本的要求，那么整洁的外表包括哪些方面呢？

（1）保持牙齿卫生。

白净的牙齿是外表整洁的第一表象，会为人们增添几分意想不到的魅力。在与人交往的过程中，满口黄牙自然会降低你的自信心，别人看在眼里同样会产生不舒服的感觉。不了解你的人很可能认为你是个不重外表的粗人，甚至认为你对他不够尊重。

（2）注重手和指甲的清洁。

手可以说是人的第二张脸。在与人交往时，行握手礼是在所难免的。如果你伸出一双脏兮兮的手，别人很可能对你产生想法，也可能将他人置于为难境地。与你握手吧，你脏兮兮的手让人看了生厌；不与你握手吧，你的一片盛情让人难以推却。所以，为了表现出对他人的尊重，注重手的清洁卫生是十分必要的。

另外，指甲的清洁与否直接反映出一个人的生活态度、对礼仪的重视程度。干净、漂亮的指甲给人以轻松、舒适的感受，可为双方的交往创造更加宽广的空间；否则，很可能影响彼此的往来。

（3）恼人的气味不能有。

口臭、腋臭、烟味、酒味、鞋臭味都是影响人际交往的因素之一，这些气味都会使你看起来肮脏、邋遢，令人觉得不舒服。

① 满口异味是人际交往的大忌。

口臭是破坏人际交往的一大祸害。没有人愿意与有口臭的人交谈，尤其是近距离交谈。

在社交过程中，一定要注意口腔卫生，要养成饭后漱口的习惯。漱口是利用液体在口内流动的冲击力去除滞留的食物残渣，但漱口不能祛除牙菌斑，一般在饭后和睡前，配合刷牙等卫生措施则收效更大。良好的口气可以为社交增添信心。

② 腋臭影响个人形象。

腋臭又称狐臭。人体腋下有一种大汗腺，它除了分泌汗液以外，还会分泌较多的代谢产物，如脂酸、蛋白质等。这些物质在皮肤表面正常的寄生菌的作用下，就会产生出难闻的气味。尤其是在夏天，由于气温高，汗腺分泌旺盛，气味就显得更大了。有些人大汗腺较多，又多分布在腋下，于是就形成了腋臭，因此，为社交设置了障碍。

在参加社交活动前不注意个人卫生，别人可能会认为你不懂得礼仪，从而毁坏了自身形象。

③ 烟味、酒味、鞋臭味。

相比较而言，烟味、酒味和鞋臭味没有口臭和腋臭那样严重，但是同样会影响个人形象，影响社会交往。

现在有很多人喜欢抽烟、喝酒，其实这并不是好习惯。抽烟喝酒不仅会加速皮肤的老化，使皮肤丧失原有的弹性和光泽，还会产生难闻的气味，违背了形象礼仪的第一步——清洁原则。

鞋臭味与烟酒味一样，也是形象礼仪中的禁忌。

形象礼仪的第一步就是要保持个人清洁卫生，这不但能为自身形象的塑造奠定坚实的基础，在社交过程中，还可以缩短彼此的距离，为增进感情创造条件。

2. 得体的服饰是对他人的尊重

服饰作为一种礼仪，从外表上，能反映一个人的社会地位、文化修养和审美情趣等多种信息，也能表现一个人的内在情感及其对生活的态度。正如莎士比亚所说："服饰往往可以表现人格。"得体的服饰穿戴对于美化人的仪表、改善人的气质、完善人的形象有着极为重要的作用。

着装体现仪表美

着装整齐、整洁、合身，是体现仪表美的必然要求。另外还要兼顾下列一些原则。

（1）要求着装要符合本国的道德传统和常规做法。在正式场合，忌穿着过露、过透、过短和过紧的服装。身体部位的过分暴露，不仅失敬于他人，更有失自己身份。

（2）要求着装的各个部分相互映衬，自然协调特别是要遵守服装本身以及与鞋帽之间的搭配，在整体上尽可能做到完美、和谐，展现着装的整体之美。

（3）要求着装适应自身形体、年龄、职业的特点，扬长避短，可以在不违反礼仪规范的前提下，在某些方面体现出与众不同的个性，从而创造出自己独有的风格，但切勿盲目追逐时髦。

注意着装是每个事业成功者的基本素养，不仅能体现着装人的仪表美，而且能够增加着装人的交际魅力，给人留下良好的印象，使人愿意与其深入交往。

西服的穿着规范

（1）讲究规格。西装有单件上装和套装之分。在非正式场合，可穿单件上装配以各种西裤或牛仔裤等；半正式场合，应着套装，可视场合气氛在服装的色彩、图案上选择大胆些；在比较正规的场合应穿同质、同色的深色毛料套装，而且穿着两件套西服不能脱下外衣。按习俗，西服里面不能加毛背心或毛衣。在我国，至多也只能加一件"V"字领羊毛衣，否则显得十分臃肿，以致破坏西服的线条美。

（2）穿好衬衫。与西装配套的衬衫要挺括、整洁、无皱褶，尤其是领口。衬衫不要翻在西装外，不能有污垢、油渍。其下摆要放在裤腰里，系好领扣和袖扣。衬衫衣袖要稍长于西装衣袖，通常要长出0.5～1厘米，领子要高出西装领子1～1.5厘米，以显示衣着的层次。如果不系领带，可不系领扣。

（3）系好领带，戴好领带夹。领带必须打在硬领衬衫上，要与衬衫、西服和谐，领带的领结要饱满，与衬衫的领口吻合要紧凑，其长度以到皮带扣处为宜。若内穿毛衣或毛背心等，领带必须置于毛衣或背心内，且西服下端不能露出领带头。领带夹是用来固定领带的，其位置不能太靠上，一般夹在衬衫第三粒与第四粒扣子间为宜。西装系好纽扣后，不能使领带夹外露。

（4）用好衣袋。西服上衣两侧的口袋只作装饰用，一般不放物品，否则会使西服上衣变形。西服上衣左胸部的衣袋又称手帕兜，用来插装饰性手帕，也可空着。有些物品，如票夹、名片盒可放在上衣内侧衣袋里，裤袋亦不可装物品，以求臀位合适，裤形美观。

（5）系好纽扣。西服纽扣有单排、双排之分，纽扣系法有讲究：双排扣的西服要把纽扣全部系上，以示庄重。单排两粒扣，只扣上面一粒纽扣，三粒扣则扣中间一粒，坐下时可解开。西方人士认为衣服上纽扣的数目必须保持单数。

（6）穿好皮鞋。穿西装一定要穿皮鞋，便鞋、布鞋和旅游鞋都不合适，皮鞋的颜色要与西装相配套，并上油擦亮，而且裤子应盖住皮鞋鞋面。穿皮鞋还要配上合适的袜子，使它在西装与皮鞋之间起到一种过渡作用。

随着经济的发展和世界各国人民的友好交往，西装已成为当今国际上最标准的通用礼服，一套合体的西服，可以使着装者显得潇洒、精神、风度翩翩。

职业装的穿着规范

（1）整齐。职业装必须穿着合身，袖长至手腕，裤长至脚面，裙长过膝盖，尤其是内衣不能外露；衬衫的领围以插入一指大小为宜，裤裙的腰围以插入五指为宜。不挽袖，不卷裤，不漏扣，不掉扣；领带、领结、飘带与衬衫领口的吻合要紧凑并且不能系歪；如果有号牌或标志牌，要佩戴在左胸正上方，有些岗位还要戴好帽子与手套。

（2）清洁。职业装要时刻保持清洁，表面要无污垢、无油渍、无异味，领口与袖口处尤其要保持干净。

（3）挺括。职业装不能皱巴巴的，穿前要烫平，穿后要挂好，做到上衣平整、裤线笔挺。

（4）大方。款式简练、高雅，线条自然流畅，便于岗位接待服务。

穿着职业装使着装者具有一种职业的自豪感、责任感，从服饰上体现其敬业乐业的职业精神，同时这也是对服务对象的一种尊重。职业装的穿着要求就是整齐、清洁、挺括、大方。

脚部的时装礼仪

（1）鞋子礼仪。在一般场合，男性均应该穿没有花纹的黑色平跟皮鞋，女性穿黑色半高跟皮鞋。在礼仪场合绝对禁止穿露脚趾的皮凉鞋。旅游鞋、布鞋、各式时装鞋与西装都是不相配的。在西方国家，正规场合中会议、谈判、舞会、庆典、拜访或接待重要的贵宾等场合是绝对不允许穿凉鞋的，否则会被认为缺乏教养、不懂礼貌。

（2）袜子礼仪。袜子的穿着也是重要一环。在礼仪场合，绝不能光着脚穿鞋。正式或半正式场合，男性应穿颜色素净的中长筒袜子，这样可以避免坐下谈话时露出皮肤或浓重的腿毛。袜子颜色以单色深色最好，带有不显眼的条纹、方格图案也可以，但色调应比裤子深一些，以使它在裤子和鞋之间呈现一种过渡色。女性着长裙、旗袍应配以肉色长筒丝袜最为得体，浅肉色可以使皮肤罩上一层光泽，显得细腻娇嫩，深肉色可以给人以一种修长健美的感觉。长筒袜的长度一定要高于裙子下部边缘，且留有较大余地，否则一走动就露出一截腿来，极不雅观。因此，在礼仪场合，短袜配短裙是不适宜的。

在正式场合着裙装，不穿袜子也是很不礼貌的。女性都应当在办公室或工作场所预备好一两双袜子,以防袜子钩破时换用。外出工作时最好也备用几双袜子,尤其在和日本客人打交道时更应如此,因为在进他们的餐厅小间时,要脱去鞋子换上拖鞋。若此时,袜子有破洞或不整洁,就很尴尬了。

总之,鞋袜的选择要注意与整体装束搭配,其颜色至少应当与裙子、裤子、皮带等保持一致,这样才能体现出穿着的整体美。

"脚部时装"在西方国家通常指鞋子和袜子,足见鞋子在整体着装的重要地位。一双得体的鞋子,它不仅能够映衬出服装的整体美,还能增加人体本身的挺拔俊美。

外出时的职业着装规范

外出工作时的穿着应注重整体和立体的职业形象,要便于走动,不宜穿着过紧或宽松、不透气或面料粗糙的服饰。正式的场合女性仍然要以西服套裙为首要选择;较正式的场合也可选用简约、品质好的上装和裤装,并配以女式高跟鞋;较为宽松的场合,虽然可以在服装和鞋的款式上稍做调整,但切不可忘记职业特性是着装标准。

外出工作,要努力克制和避免着装上表现出的强烈表现欲,色彩不宜太复杂,并应注意与发型、妆容、手袋等相统一,不宜咄咄逼人,干扰对方视线,甚至造成视觉压力。所用饰品不宜夸张,最好选择款型稍大的公务手袋,也可选择优雅的电脑笔记本公文手袋,表现女性自信、干练的职业风采。

服装款式应注重整体和立体的职业形象,外出时的职业着装要注重简洁、得体。

公务礼服的礼仪规范

公务礼服是用于较为正式、隆重的会议，迎宾接待的服饰，在服饰中它的品位和格调具有代表性和典型性。服饰的优良品质是最为重要的，做工要精致得体，色彩应以黑色和贵族灰色为主色，忌用轻浮、流行的时尚色系。而且应特别注意选配质地优良的鞋子。

佩饰应小巧而精美，服饰和佩饰的重点是衬托女人高雅迷人的气质。因为此类活动较少有充分的交流机会，因此手袋是你身份的显要表征，应选择质地优良、色彩和谐、款式简洁精美的手袋。

公务人员着装的基本礼仪是整洁、美观、得体，即要与自身形象相和谐，与出入场所相和谐，与着衣色彩相和谐，与穿着搭配相和谐。

晚礼服的礼仪规范

晚礼服是用于庆典、正式会议、晚会、宴会等礼仪活动的服饰。

晚装服饰的特色、款式和变化较多，需根据不同的场合和需求的风格而定。晚装多以高贵优雅、雍容华贵为基本着装原则。晚礼服永恒的风采就是闪亮的服饰，但全身除首饰之外的亮点不得超过两个。中式传统晚装以中式旗袍为主，注重表现女性端庄、文雅、含蓄、秀美的姿态。而西式的晚装多为开放型，强调美艳、性感、光彩夺目。

晚装不仅要讲究面料的品质，还要讲究饰品的品质，好的品质可以烘托和映衬女人的社会形象和品质。女人最恰到好处的美是精致，晚装是凸显女性魅力的代表着装，讲究款式和做工的精美。

晚礼服是晚上八点以后穿用的正式礼服,是女士礼服中最高档次、最具特色、充分展示个性的礼服样式。又称晚礼服、晚宴服、舞会服。常与披肩、外套、斗篷之类的衣服相配,与华美的装饰手套等共同构成整体装束效果。

休闲服的礼仪规范

休闲服是为适应现代个性化的生活方式而产生的一类服饰,具有生活服饰和职业服饰的双重性。不少职业场所,为职业空间提供了较大的宽松条件,休闲服也成为一些轻松的职业场所适用的服饰。穿着舒适大方,是休闲服的基本特点,成熟优雅是休闲服较高的着装层面。

在职业场合,无论着正装还是休闲装,我们都应该记住我们的着装应当符合工作的需要,而并非为了娱乐;在选择职业休闲装时,我们可以选择舒适,但不失职业化的服装,且必须保持服装干净平整,没有磨损的边角,要特别避免体臭和服装异味,其高度洁净所表现出来的品质和魅力,甚至会高于其他服饰。在正式场合,不应穿过于紧身或宽松的休闲服装,男士应当穿袜子,女士应当穿包头鞋等。

休闲场合穿着应舒适自然,并要干干净净,善用服装搭配的原理,穿出自己的风格。切记:休闲不等于随便!

适合的着装能让一个人看起来有权威、强大、富有、理性、可靠、友善、富有阳刚之气,还有许多对我们来说有益而且得到认可的品质,但一定要记住是适合的着装。

3. 注意自己的仪容美

"内正其心,外正其容"。个人礼仪的首要要求就是仪容美,它是仪表问题的重中之重。在人际交往中,一个人的仪容不仅会引起交往对象的特别关注,还会影响到交往对象对自己的整体评价。因此,我们必须时刻不忘对自己的仪容进行必要的修饰和整理。这既是对他人的尊重,也是对自己的尊重。

1960年9月,肯尼迪和尼克松在电视上举行竞选总统的第一次辩论。当时,大多数评论员预料,尼克松素以经验丰富的"电视演员"著称,一定可以击败比他缺乏电视演讲经验的肯尼迪。但事实并非如此。原因是肯尼迪事先进行了练习和彩排,还专门跑到海滩晒太阳,养精蓄锐。结果他在屏幕上满面红光,精神焕发,挥洒自如。而尼克松除了没有听从电视导演的规劝和十分疲劳之外,更失策的是面部化妆用了深色的粉,因而在屏幕上显得精神疲惫,声嘶力竭。竞选结果出人意料,肯尼迪胜出。

肯尼迪的仪容仪表在竞选中起了非常大的作用,可见,仪容仪表的作用是不容忽视的。

保持面部的清洁干净

脸部。要做到仪容整洁干净,就要注意细节的修饰和长年累

第一章 大方有礼，用形象打开对方的心门

月的坚持不懈。若一个人脸上常有灰尘、污垢，难免会让人感觉又脏又懒。因此，除了早晚洗脸之外，只要有必要，就应随时随地抽出一点时间洗脸净面。值得注意的是要对各个不同的部位进行修饰，这样才能达到最佳的效果。

眼睛。眼屎给人的印象很不雅，应及时将其清除。如果觉得自己的眉毛不雅观，可以进行必要的修饰，但不要剃去所有的眉毛。另外，戴眼镜不仅要美观、舒适，而且还应随时对其进行清洗，保持镜面的干净。

耳朵。耳垢虽然不易看到，但却不要忘记对其清除，在洗澡、洗脸时，不要忘了顺便清洗一下耳朵。必要时，还须清除耳孔之中不洁的分泌物，但不要在他人面前这么做。有些人，特别是上了年纪的人，耳毛长的较快，甚至还会长出耳孔之外。因此在必要之时，应对其进行修剪。

鼻子。在人际交往中，偶尔有一两根鼻毛露出，是很会破坏他人对自己的印象的，因此，应当注意经常检查和修剪鼻毛，但当众拔鼻毛是很不雅的行为。除此之外，还应保持鼻腔清洁，不要让异物堵塞鼻孔，或是让鼻涕任意流淌。不要随处吸鼻子，更不要在他人面前挖鼻孔。

嘴及其他部位。修饰上的基本要求就是要牙齿洁白，口腔无味。要做到这一点，就要坚持每天饭后漱口，以除去异物、异味。还要经常采用爽口液、牙签、洗牙等方式方法保护牙齿。在重要应酬之前应忌食葱、蒜、臭豆腐之类气味刺鼻的东西。在交际场合，男士若无特殊宗教信仰或民族习惯，最好不要留长须，应经常注意定时剃须，使自己容光焕发，充满活力。女士若因内分泌失调而长出类似胡须的汗毛，则应及时治疗，并予以清除。

社交与礼仪

保持发型的清爽、美观

头发是构成仪容的重要内容。美观的发型能给人一种整洁、庄重的感觉。根据自身的条件修饰头发,选择合适的发型,可以扬长避短,增加人体的整体美。

保持头发的整洁是首要的问题,所以应当自觉地做好日常护理。弄得自己蓬头垢面,满头油味,发屑随处可见,是很损坏个人形象的,因此不论有无交际活动,平日里都要对自己的头发勤于梳洗。

头发从礼仪角度和审美角度看,它仍受到若干因素的制约,不可以一味地只讲自由与个性,而不讲规范。职业对头发的长度影响很大。商界对头发的长度大都有明确限制:女士头发不宜长过肩部,必要时应以盘发、束发作为变通;男士不宜留鬓角,发帘最好不要触及衬衫领口。

在社会生活里,人们的身份不同、工作环境不同、职业不同,发型也应有所不同。在工作场合抛头露面的人,发型应当传统、庄重、保守一些;在社交场合频频亮相的人,发型则应当个性、时尚一些。

修饰手臂的礼仪

手臂是人际交往中动作最多的一个部位,其中手是接触其他人、其他物最多的部位,因此出于清洁、卫生的考虑,应当勤于洗手。另外,手指甲应当定期修剪,如果在指甲周围产生死皮,应立即将其修剪掉,不要用手去撕,或用牙去咬。若手上长癣、生疮,应避免与他人接触,否则会令他人产生不快或反感。

因个人生理条件的不同,手臂上的汗毛生长得过浓、过长,会有碍观瞻,最好采取适当的方法进行脱毛。根据现代人着装的具体情况，腋毛是不应该为对方所见的，女士特别要注意这一点。在正式场合，不要穿着会令腋毛外露的服装，而在非正式场合，若想穿着暴露腋窝的服装，则务必先行脱去或剃去腋毛。

修饰腿部的礼仪

在正常情况下，应注意保持腿部的卫生。鞋子、袜子要勤洗勤换，脚指甲要勤于修剪，脚指甲不要留有污垢，或是长于脚趾趾尖。在正式场合，不允许男士的着装暴露腿部，女士可以穿长裤、裙子，但不得穿短裤，或是暴露大部分大腿的超短裙。在正式场合，女士的裙长应过膝部以下，不允许光着大腿不穿袜子，尤其不允许将光着的大腿暴露于裙子之外。

4. 精选配饰，锦上添花

近年来随着生活水平的提高，各类饰品越来越受到人们的青睐。优雅得体的穿着，如果再加上富有个性的饰品，会使你增添无穷的魅力。但若想让首饰在服装搭配上锦上添花，就要注意很多的细节问题。首先，首饰的佩戴应当遵从有关的传统和习惯。其次，在社交场合中不戴首饰也可以，不要佩戴粗制滥造之物，最好不要靠佩戴的首饰去标新立异。如果佩戴，总数不宜超过三件。另外，在一般场合，女士们可以样样首饰都戴一戴，而男士佩戴最多的只有结婚戒指一种。场合越正式，男士戴的首饰就应当越少。

社交与礼仪

佩戴戒指的礼仪

购买戒指时,须选配与手指形状、肤色相配的戒指。手指多肉者,适合佩戴一些镶有大蝴蝶或宝石之类没有花纹的戒指。手指短小者,佩戴细小的指环最为合适,手指过长者可戴一朵有花纹或两枚重叠形戒指。如果手背的皮肤呈褐色,戴上金戒指有高雅感,显得比较协调;如果手背肤色偏黑,可选暗褐色或黑色宝石戒指。戒指一般戴在左手上,最多不要超过两个,但当代人戴在右手上也可以。但要注意的是,若戴两个戒指要左手连着戴或左右对称。

佩戴项链的礼仪

项链是戴于颈部的环形首饰,男女均可使用,是佩戴时间长,适用范围广泛的重要首饰,种类十分繁多。男士所戴的项链一般不外露且不应多于一条,但可将一条长项链绕成数圈佩戴。戴项链时,要与服装、颈部和肤色相协调。夏天因衣着单薄,佩戴金、银、珠宝项链都很美。浅色的毛衫要佩戴深色或艳丽的宝石类项链;深色的毛衫可配紫晶或红玛瑙项链。项链的粗细,应与脖子的粗细成正比。脖子较粗的人应选择较细的项链,脖子较细的人则应选粗一些的。从长度上区分,项链可分为四种。一是短项链,适合搭配低领上装。二是中长项链,可广泛使用。三是长项链,适合女士用于社交场合。四是特长项链,适合女士在隆重的社交场合佩戴。

佩戴手镯、手链的礼仪

手镯是女性的装饰物,因纤丽精巧,很受现代女性青睐。戴手镯和手链很有讲究。在普通情况下,手链仅戴一条,并应戴在左手上。在一只手上戴多条手链、双手同时戴手链或手链与手镯同时佩戴，一般是不得体的。在一些地方，所戴手镯、手链的数量、位置，可用以表示婚否。手镯戴在右腕上，表明佩戴者是自由而不受约束的；如果戴在左腕上，表明已经结婚。一般来讲，手链与手镯均不应与手表同戴在一只手上。如果戴手镯、手链和耳环等首饰，一般可以省去项链，或只戴短项链为宜，以免三者在视觉上重复，影响美感。

佩戴耳环的礼仪

耳环也叫耳坠，是女性耳垂的特殊饰物，种类繁多。在一般情况下，它仅为女性所用，并且讲究成对使用，即每只耳朵均佩戴一只。不宜在一只耳朵上同时戴多只耳环。在国外，男子也有戴耳环的，但习惯做法是只戴左耳，右耳不戴；双耳都戴者，会被人视为同性恋。

佩戴耳环，首先要依据脸型而定。因为利用人的视觉原理，对比耳环的长度，可以改变脸的轮廓。圆脸型适宜戴有坠耳环。长脸形宜佩戴大耳环、贴耳式或短坠耳环。方脸型可选择心型、椭圆形、花形的帖耳式耳环。三角形脸可佩带星点状的帖耳式耳环。另外留长直发型的女性，适合佩戴长链子形的耳环；梳辫式发型的女性，宜佩戴悬垂式的钻石耳环。佩戴耳环还要与服装的样式、面料、色彩相协调。丝绸、轻缎等轻薄面料，应配以贵重、精致的耳环，但与旅游服、休闲服、运动服搭配时，就可以随便些。

佩戴胸针与胸花的礼仪

胸针可别在胸前，也可别在领口、襟头等位置。胸针式样要注意与脸型协调。长脸形宜佩戴圆形的胸针；圆脸型应配以长方形胸针；如果是方脸型，适宜用圆形胸针。

胸花的佩戴有一定的讲究，应根据服装的色彩、面料、款式来选用。白色衣裙配上天蓝色或翠绿色胸花，形成冷调的协调美；红色衣裙配以黄色、本色胸花，形成暖调的和谐美。

其他应注意的问题

佩戴饰品应与穿着相协调，尽量发挥首饰对服装所起的衬托作用。饰品佩戴还应考虑个人的年龄、肤色、身材、身份等特点。身材矮小者，不宜佩戴过多的首饰，可以用一两样点缀一下。身材肥胖者不要佩戴小巧的首饰。头大者不要戴过多的头饰。颈长者宜佩戴项链，颈短者，只宜戴单串的金属项链，或不戴项链而在胸前佩戴光彩夺目的胸花，将人的注意力转移。

从服装上看，色彩艳丽的服装适合与淡雅的首饰相配，色彩深沉单色的服装适合与一些明亮、款式精巧的首饰搭配。编织类的毛衣可选配用玛瑙、紫晶、虎石等制成的项链；穿真丝衬衫或裙装时，佩戴金项链最佳。另外，年纪大的女士要戴一些贵重的、精致的首饰，年轻女士应选择质地好、色泽好、款式新潮的时装首饰。

从环境协调上看，佩戴首饰得分场合和季节。工作时，尽量少佩戴首饰，可选用样式简朴的胸针、耳环、项链等。外出参加重要社交活动时，可佩戴大型胸针、项链和带坠子的耳环等闪光的饰品。年轻的女士在夏季可戴鲜艳的工艺仿制品，冬季则可戴一些宝石、珍珠、金银饰品。

5. 恰到好处的化妆

化妆，是修饰仪容的一种高级方法，它可以使自己的容貌变得更加靓丽。在人际交往中，进行适当的化妆是必要的。恰到好处的化妆，可以更加充分地展示女性容貌上的优点。

女性在化妆时要注意的问题

（1）化妆浓淡要适宜。

化妆的浓淡要视时间、场合而定。工作的时间，一般以化淡妆为宜。如果白天也浓妆艳抹，香气四溢，难免给人的印象欠佳。但在夜晚的休闲时间，不论浓妆还是淡抹，都是比较适宜的。化妆的浓淡还应当考虑到场合问题。人们在节假日大多是要化妆的，但是在外出旅游或参加游乐活动时，最好不要化浓妆。

（2）化妆要注意场合。

一般情况下，女士不要在公共场所化妆。但有些女士对自己的装饰和形象十分在意。不论是在什么时候，一旦有了空闲，就抓紧时机补妆。殊不知在众目睽睽之下修饰面容是没有教养的行为，是十分失礼的，既有碍于人，也不尊重自己。如真有必要化妆或补妆，一定要到洗手间去或化妆间完成，切莫当众化妆。

（3）不要评论他人的妆容。

由于民族、肤色的差异，每个女士的妆容都不尽相同。因此，不要非议他人的妆容，更不要以为自己的妆容才是最好的。对外宾的妆容不要指指点点，也不要同外宾切磋化妆技巧。有的女士强人所难和热情过了头，以打扮别人为一大乐事，主动为人家化妆、改妆或修饰，会让他人感到非常的为难。

（4）不要借用他人的化妆品。

女性平时不要去借用他人的化妆品，因为这既不卫生又不礼貌。除非有时可能忘了带化妆盒，却偏偏需要化妆，在这种情况下，在他人自愿为你提供方便的前提下，才可以借用他人的化妆品。

（5）给皮肤做好基础的保养。

众所周知，任何化妆品都有一定量的化学物质，这些化学物质对皮肤多少都会有不良的刺激。面部的皮肤是很娇嫩的，任何不科学的外部刺激都会使它受到不同程度的损伤。所以职业女性还应该懂得一些基本皮肤护理知识，给皮肤做好基础保养。

妆容与整体效果的搭配

妆容与服饰的色彩和风格相协调。粉底霜、眼影色、面颊红、口红等颜色是以未化过妆的皮肤颜色为基础添加上去的。在设计面部彩妆时，应该和服装、首饰一起进行整体考虑，才能相得益彰。

妆容要与场合气氛统一。参与不同的活动，出席不同的场合，对女士的妆容有不同的要求。职业女性的工作妆应以淡雅、清新、自然为宜，工作中在脸上涂一层厚厚的粉底，嘴唇鲜红耀眼，让人觉得格格不入。因此，在办公室及商务会谈的场合，不太适合浓妆艳抹。而在宴会中女性不化妆或过于淡妆素裹会让人觉得不能融入环境，会被认为不懂礼貌。另外，随着时间的改变，女性化妆应有相应的变化。白天自然光下，一般女性略施粉黛即可；浓妆，多为参加晚间娱乐活动的女性的装扮。

办公室的化妆礼仪。职业女性在上班前淡淡地化一下妆，不仅给生活增添光彩，而且能使自己更充满活力和信心。当然化妆的效果要与办公室的工作环境相称，给人理智明快的印象。办公室的女性，要求仪容大方得体，衣着打扮、妆容发型，无论色彩还是式样，都不应显得过于活跃，应与性格、修养、气质和工作环境相统一。另外，女士最好不要使用大量浓香型的香水和香粉，把自己搞得香气四溢，这样会让人在电梯和会议室等通风不良的地方感到难受、憋气。

不同脸型的化妆技巧

脸部化妆不仅要突出面部五官最美的部分，使其更加美丽，还要掩盖或矫正有缺陷或不足的部分。

（1）圆形脸。

对于圆形脸，胭脂的涂抹可从颧骨起涂至下颌部。上嘴唇可用唇膏涂成浅浅的弓形。可用暗色调粉底，沿额头靠近发际处起向下窄窄的涂抹，至颧骨部下可加宽涂抹的面积，造成脸部亮度自颧骨以下逐步集中于鼻子、嘴唇、下巴附近部位。眉毛可修成自然的弧形，可做少许弯曲。

（2）椭圆形脸。

对于椭圆形脸，化妆时宜注意保持其自然形状。胭脂应涂在颊部颧骨的最高处，然后向上向外揉化开去。唇膏应尽量按自然唇形涂抹，眉毛可顺着眼睛的轮廓修成弧形，眉头应以内眼角为齐，眉尾可稍长于外眼角。

（3）方形脸。

胭脂的涂抹宜与眼部平行，不要涂在颧骨最突出处。可用暗色调粉底在颧骨最宽处造成阴影。下颚部宜用大面积的暗色调粉底制造阴影，从而改变面部轮廓。唇膏可涂丰满一些，增加柔和感。眉毛宜修得稍宽一些，眉形可稍带弯曲，不宜有角。

（4）长形脸。

胭脂的涂抹应注意离鼻子稍远些，从而可以在视觉上拉宽面部。涂抹时，可沿颧骨的最高处与太阳穴下方所构成的曲线部位，向外、向上抹开去。双颊下陷或者额部窄小者，应在双颊和额部涂以浅色调的粉底，造成光影，使之看起来丰满一些。在修正眉毛时应令其成弧形。

（5）倒三角形脸。

胭脂的涂抹应在颧骨最突出处，而后向上、向外揉开。可用较深色调的粉底涂在过宽的额头两侧，而用较浅的粉底涂抹在两腮及下巴处，造成掩饰上部、突出下部的效果。宜用稍亮些的唇膏来加强柔和感，唇形宜稍宽厚些。眉毛应顺着眼部轮廓修成自然的眉形，眉尾不可上翘，描画时从眉心到眉尾宜由深渐浅。

（6）三角形脸。

胭脂的涂抹可由外眼角处起始，向下抹涂，将脸部上半部分稍做拉宽。可用较深色调的粉底在两腮部位涂抹、掩饰。眉毛宜保持自然状态，不可太平直或太弯曲。

6. 良好的形象从头开始

发型即头发的整体造型。适当的发型不仅是展示良好交际形象的前提，也会使人神采焕发，给别人良好的第一印象。选择发型，需要考虑个人条件和所处的场所，如商界对头发的长度有明确限制：女士头发不宜过肩部，必要时应以盘发、束发作为变通；男士不宜留鬓角、发帘，头发的长度最好不超过7厘米。

此外，发型设计要与脸形、体型、季节、年龄、职业、气质等因素相适应，发型设计得当能够体现出一个人的修养和品位，可以使人更加端庄、文雅、美观、大方，而且能够起到修饰脸形、协调体形的作用。

（1）发型与脸形。

发型与脸形相得益彰，不同脸形的人应搭配不同的发型，从而达到扬长避短的效果。

①小巧脸形。

针对小巧脸形的特点，在发型设计上要收拢头发，除去刘海儿，以扩大脸部开面，使头颅成球形，呈现小巧而结实的特点。

②四方脸形。

对于四方脸形，在发型处理时需要对下颚两侧锐挺的线条进行柔化，在设计时可采用：顶发蓬松高耸，额前两鬓角用刘海儿遮盖，使脸显长；腮处以圆弧形发式紧贴，以削弱下颌方正的视觉效果；两侧发型收紧，呈弧形紧贴两腮，使头发遮挡耳轮廓的上半部渐向后鬓，呈椭圆形。

此外，四方脸形的人若要烫发，卷发的波浪一定要大，避免头发干直。发型要上边放松，下边收紧，这样就可以削弱对脸部方正直线条的视觉效果。若要留短发，头顶部分应比较厚，后部则薄，头发斜向前，包裹住额部，这样就可以美化视觉效果。

③长方形脸。

长方形脸的人不宜留直线型的长发，并且要避免头发往后梳。为了掩盖脸长的特点，可选择短而宽的发型，如童花式、翻翘式短发或娃娃头，均适宜。

在发型设计上，应以优雅活泼的发式来缓解因脸形长而造成的严肃感，发型应当顶部低，适当遮额，两侧松而圆，线条柔和，使脸形开阔，周围下部头发，包括后面的头发，均宜用曲线、弧形线来实现。

④圆形脸。

对于圆形脸的人，其发型应设法增加脸形的长度而掩饰其宽度，可将头顶的头发梳高，两侧头发垂直，设法遮住两颊，使脸形显长，并增加脸形的力度。也可将头发偏分，以不对称的发型来减弱脸形扁平的特征。

圆形脸的人可留直线形长发，头发长短以肩膀上或下巴的平等线为标准，并且额前的刘海不宜过密。这种脸形的人若要烫卷发，波浪应深、宽，发型修剪成椭圆形轮廓，层次参差会使脸形呈漂亮的鹅蛋形，也可把头发拢到后边挽成球形，能增添线条美。此种脸形的人忌留短发，因头发剪短，易使两侧头发鼓起，脸形会显得更圆。

⑤三角形脸。

对于这种脸形，头顶部分的头发宜具有蓬松感，而两侧的头发则要紧贴着脸部，线条柔和能改变三角形的视觉效果。若是上宽下尖的倒三角形脸，发型应该顶部紧，两侧蓬松。

三角形脸的人不要留短发与发髻，由于脸颊至下巴成一斜线，因此，必须注意头发的长度。若发长及耳，应强调脸颊的倾斜感。

⑥菱形脸。

菱形脸的人适合将头发烫成丝丝卷发，前额有几缕发丝轻垂，耳后卷发与顶部发式相互呼应，脸形的缺陷就可以弥补。

在发型设计上，应增加前额的宽度和饱满度，使整体造型呈椭圆形。如果梳理直发，前发自顶部开始剪成刘海儿，将前额盖住，耳后束发，有婷婷之姿，或者将刘海儿侧吹，亮出额角，整体发势向下垂直，显得娟秀潇洒。

⑦椭圆形脸。

椭圆形脸是一种比较理想的脸形，任何发型都可以与其相配，其中采取头发中分、左右均衡、顶部略蓬松的发式，最能显示脸形之美。

⑧瓜子形脸。

此种脸形的人在发型设计上需用蓬松蜷曲的短发把双颊最宽的部分遮掩起来，以此来弥补不足之处，并且前额切忌留刘海儿。

（2）发型与体型。

发型不仅与脸形要协调，也要与体型相和谐，不同的体型，在发型的选择上也有所区别。

①身材高瘦者。

高瘦形的身材虽然是一种理想的身材，但缺乏丰满感，因此，在选择发型时，应尽量弥补这个缺点。这种身材的人适合留长发，但要适当增加些发型的装饰性。如若梳卷曲的波浪式发型，会对于高瘦身材更有一定的协调作用。又如身材修长的女性若梳侧披发或束长发，则显得亭亭玉立，倍增娇美。但高瘦身材者不宜盘高发髻，或将头发剪得太短，以免给人一种更加瘦长的感觉。

②身材高大者。

对于此类身材的人，在发型设计上应以追求大方、健康、洒脱为宗旨，减少大而粗的印象。一般留简单的短发比较适宜，切忌花样复杂。烫发时，避免烫成小卷，以免造成与高大身材失衡的感觉。但对直长发、长波浪、束发、盘发、中短发式也可酌情运用，切忌发型花样繁复、造作。

③身材矮小者。

身材矮小的人给人以小巧玲珑的印象，因此不宜留长发或粗犷、蓬松的发型，那样会使身材显得更矮。可利用盘发增加高度，而且还会因为露出脖子使身材显得略高些。在发型设计上应强调丰满与魅力，从整体比例上，应注意长度印象的建立，而且要在如何使头发秀气、精致上下功夫。

④身材较胖者。

身材较胖的人要尽可能弥补自身的缺点，适宜梳淡雅舒展、轻盈俏丽的发型。发型设计要强调整体发势向上，将两侧束紧，使脖子亮出，也可选用有层次的短发、前额翻翘式等发型。不宜留长波浪、长直发。

在发型设计上，除了考虑以上因素外，还要注意颈部的特点。颈部较长的人适合稍长的、波浪大的发型；颈部较短的人要把头发从颈部向后梳，把后面的头发梳得完整一些，让颈部露出来，使颈部显得长些。总之，发型的选择要适合脸形、气质与场合，体现整体美。

7. 戴帽子的礼仪

帽子的历史源远流长，据说最初是由头巾演化而来的。我国古代人成年时要行"冠礼"，"冠"就是帽子。当代生活中，帽子更是异彩纷呈。帽子不仅具有实用功能，可以御寒遮阳，还具

第一章 大方有礼，用形象打开对方的心门

有装饰功能。对女士来说，合理地佩戴帽子，可以使女人散发出无限魅力，自内而外透露出一股神秘的气息，给人留下无限的想象空间；对男士来说，合理地佩戴帽子，可将成熟稳重的男人味展现得一览无余。由此可见，帽子在整体形象中起着画龙点睛的作用。这就要求人们在戴帽子时，要注意礼仪，使其点睛之效彻底地发挥出来，完善个人整体形象。

英国的黛安娜王妃被称为世界衣帽潮流的导航者，这种说法虽然有些夸张，但黛安娜确实是一个很懂得穿戴的人。她可以使帽子与衣着相得益彰，展现出个人的品位与魅力，表现出英国王族独特的气质。

选择帽子时应该注意以下几点：

（1）与服装协调统一。

一个会戴帽子的人，在选择帽子时讲究与服装搭配，无论是款式还是颜色都要与服装协调统一，使服装与帽子达到上下相应的效果。

（2）身材高矮决定帽子的选择。

选择帽子时，还要看个子的高矮，要和身材相搭配。身材娇小的东方女性，不适合戴高帽子或圆冠帽；身材高大的西方女性，要避免选择帽檐太小的帽子。

（3）按照季节选帽子。

帽子的季节性比较强，要按照季节的更换选择不同类型的帽子。春、夏季以戴草、麻、尼龙等材料制成的帽子为主，此种类型的帽子可起到遮阳的作用；冬天最好选择毛、呢绒、毡等材料制成的帽子，这种类型的帽子除了可以起到保暖的作用外，还具有很强的装饰性。倘若夏天戴毛、呢绒材料的帽子，会给人以不搭配、不协调的感觉。

（4）根据脸形选帽子。

圆脸形人适合各种造型不同的帽子；瓜子脸形的人要选择微露头发的帽子，这样可以使整体感觉比较均衡；脸形稍长的人，要选择矮圆形帽子，这样可以使脸形看起来圆一些。

戴帽子时应该注意以下事项：

①帽子的戴法要合乎规范，该戴正的不要戴歪，该偏后的不要偏前，不要给人留下"衣冠不整"的印象。有人故意把帽子戴得七歪八斜，以此来显示自己的个性，其实这是对个性的一种误解。在多数人看来，歪戴帽子是行为不端的象征。

②在公共场所，如火车站、汽车站、飞机场、购物商场、办公大厦门口或电梯处戴帽子，都不能算是失礼行为。

③一般情况下，进入教堂、剧院、宴会场所、室内、电影院时都应注意戴帽子的礼仪。唱国歌、升降旗时，女性不必脱帽，但男士必须将帽子摘掉以表敬意；被他人介绍给另一方时，女士同样不必脱帽，男士则必须脱帽致意；与女士、长辈、上级谈话或打招呼时，男士同样需要脱帽。

④当向陌生女士道谢、道歉时，可以轻抬帽子以示敬意；当其他人向与你同行的女士打招呼时，也可轻抬帽子以表敬意；向他人问路时，无论得到还是没得到回答都要向对方行脱帽礼，以表谢意。

⑤在自己家的时候，也不能戴帽。例如，在自己的家里举行正式的午餐，即使其他的女人戴着帽子，自己也绝不能戴帽。再有，穿晚礼服时当然不能戴帽。

进入一些公共场所时，如果需要脱掉帽子，该场所应该有存放帽子的地方，取帽子的时候，不要忘记向管理员说声"谢谢"或给些小费，以感谢他们的工作。

对女士而言，穿晚礼服时最忌讳的就是戴帽子，新娘也不例外。一般情况下，把头饰与晚礼服称为"配套装"，这是欧洲传统的装扮艺术。值得注意的是，戴手套可以不戴帽子，但戴帽子不戴手套就不行了，这在正规场合是失礼的行为。

帽子是装饰品中的一种，气质、品位、修养同样可以通过帽子体现出来，只不过需要掌握一些礼仪。按照规范的礼仪行事，戴出品位、修养将不是一件难事。

在社交过程中，每个人的仪表都会引起交往对象的特别关注，它将决定一个人的品位，是评价一个人的重要因素。

8. 戴手套的礼仪

20世纪三四十年代，很多女士很喜欢用手套装饰自己；现在，手套的使用范围小了许多，一般情况下只有穿正式礼服时才会戴。由此，戴手套便有了礼仪要求。

手套是一种显示个人情调的装饰，与得体的礼服搭配起来，才能显示出其作用。一件设计高雅的礼服，再恰当地配上一副手套，才能将人的气质显现出来。由于时代的变迁，衣服的布料逐渐向轻便型转变，而手套的材料也相应地发生了变化，原先以笨重的羔羊皮为材料的手套变成了布料手套，而且已成为一种趋势。随着手套材料的改变，颜色、款式也逐渐增多，所以在佩戴时，不得不将礼仪因素考虑在内。

（1）女士手套搭配礼仪。

正式的晚宴中，如果选择无袖礼服，应佩戴过肘部的长手套。如果选择着短袖礼服，戴长手套就有些不搭配了。与人握手时，如果戴着手套，男士应摘下手套后再与对方握手，而女士则应依情况而定。与身份、地位、年龄比自己高的人握手时，应脱掉手套；而与年龄、地位、身份与自己平等或低于自己的人握手时，则不必摘手套；在娱乐、进食时，最好先摘掉手套。

（2）男士手套搭配礼仪。

一般情况下，男士在室内是不戴手套的，因为有时需要为女士服务，如果男士戴着手套为女士服务，女士会认为该男士对她不够尊重。在婚宴的会场内，新郎一般不戴手套，以方便照顾新娘。当然，这并不是说新郎可以把手套丢到一旁，而是应该拿在手上。手套的正确拿法应该是把手套左右对齐，手指部分放前，左手轻轻握住中间部分。用哪只手拿手套并没有特殊规定，也有人用右手拿手套，这取决于男士用哪一只手来为女士服务。

（3）手套与婚戒的搭配礼仪。

在日常生活中，我们可能会看到这样一种情况：有些人在戴手套的同时，还戴着手镯、戒指，认为这种装饰十分时尚、流行。其实，这违背了国际礼仪规范。在戴订婚戒指和结婚戒指时再这样戴就有些失礼了。先摘下手套，然后再将戒指戴在手指上，才是正确的佩戴方法。有些时候，新娘所选择的是无袖或袖子非常短的婚纱，这种婚纱的手套一般与袖口连接，摘起来非常麻烦。因此，在选择婚纱前，新娘应考虑到佩戴婚戒的礼仪，最好选择左手无名指可以伸出来的"结婚专用手套"。

虽说手套是一种装饰品，但佩戴是否合乎礼仪规范将决定着装饰效果。如果不懂得戴手套的礼仪，即使所戴手套非常漂亮也无法发挥其修饰作用。

第二章 举止得体,给人留下良好第一印象

在社交过程中,人们的行为举止往往能更客观更准确地反映出每个人的品德与修养。因此,在日常交往中,对于一些细小的行为,不能过分地粗枝大叶,因小失大,遵守一些礼仪还是必要的。

第二章 举止得体，给人留下良好第一印象

1. 举止得当，礼貌周到

举止是一个人自身修养在生活和行为方面的反映，是映现一个人内涵的一面镜子。没有优雅的举止，就没有优雅的风度。在做事过程中，优雅的举止、高雅的谈吐等内在涵养的表现，会给人留下更为良好而深刻的印象。

有"礼"走遍天下，无"礼"寸步难行，个人礼仪将直接影响一个人的受欢迎度，所以得体的举止是众多礼仪中比较重要的一部分。在某种意义上，人的举止这种无声的语言，绝不亚于口头语言所发挥的作用。

举止礼仪并不是个别人规定出来的，而是大多数人经过实践并被充分认可的。所以，你如果举止不得体，就会被人们看不惯，别人就会认为你对周围人以及交往对象不尊重，那你做事的效果就可想而知了。

小王是一电器公司的推销员。他去拜访客户时，大声而粗暴地开门习惯影响了客户对他的第一印象。

当对方的接待人员将他带领到会客室时，他心里还在想如何在见到对方时给对方一个好印象。可是接待人员已经将他开门不礼貌的信息传达给了老板。

"老板，客人来了。"

"哦，他还挺准时的，我马上去，我准备准备，他是什么样的人呢？小张，谈谈你的第一印象。"

社交与礼仪

"老板,不好说。看他衣冠楚楚,时间也准时,可他开门的声音太大了,显得粗暴、不太礼貌。"

"哦……"

老板这样"哦"了一声,可能便决定了会谈的失败,轻者则影响会谈的效果。这样在未见面之前便让别人对你带着一种看法,给对方一个不好的印象。

在日常生活中,我们经常碰到这样的人:他们或是仪表堂堂,或是漂亮异常,然而一举手、一投足,便可现出其粗俗。这种人虽金玉其外,却是败絮其中,只能招致别人的厌恶。所以,在办事过程中,要给对方留下美好而深刻的印象,外在的美固然重要,而高雅的谈吐、优雅的举止等内在涵养的表现,则更为人们所喜爱。这就要求我们应当从举手、投足等日常行为方面有意识地锻炼自己,养成良好的站、坐、行姿态,做到举止端庄、优雅得体、风度翩翩。下面的一些小细节是我们日常生活种必须注意的:

(1)不要当众搔痒。

大家都知道搔痒的举止不雅。搔痒的原因通常多是由于皮肤发痒而引起的。其中有些属于病理的原因,例如体质过敏,皮肤容易起疹,有时奇痒难忍;有些属于生理的原因,如老年人因皮脂分泌减少,皮肤干燥,也容易产生搔痒。在出现这类情况时,自己要按所处的场所来灵活掌握。如处在极严肃的场合,就应稍加忍耐;如实在忍无可忍,则只有离席到较隐蔽的地方去搔一下,然后赶紧回来。因为不管你怎样注意,搔痒的动作总是猥琐的,总以避人为好。尤其有些人爱搔痒纯粹是出于习惯且无意识，只要人稍一坐下就不断用手在身上东抓西挠，这些不好的细节，应尽量克服。

（2）要防止发自体内的各种声响。

生活经验告诉我们，任何人，对发自别人体内的声响都不太欢迎，甚至很讨厌。诸如咳嗽、喷嚏、哈欠、打嗝、响腹、放屁等等。当然，这些声响有的只在人们犯病或身体不适时才有，例如打喷嚏，常常是在一个人患感冒的时候才发生。当出现这种情况时，正确的做法是用手帕掩住口鼻以减轻声响，并在打过喷嚏后向坐在近旁的人说声"对不起"以表示歉意。但是，有的却是由于习惯所造成，主要是因本人不重视、不关心别人的感受所致。比如，有些人在大庭广众之下，不断打哈欠或者连连放屁，竟然也不脸红。像这样就是很不好的习惯，应当注意改正才是。

（3）不要将烟蒂到处乱丢。

许多人都反对抽烟，究其原因，与不少抽烟者缺乏卫生习惯不无关系。有些吸烟者往往不注意吸烟对别人所造成的不便，他们不了解，不吸烟者除了害怕烟味会引起呛咳外，随风吹散的烟灰也使人感到不舒服，有时带有余烬的烟蒂还容易引起事故。这些都使不吸烟者有一种自发地抵制吸烟的情绪。所以，如果吸烟者随意处置吸剩的烟头，将它们丢在地上用脚踩灭，或随手在墙上甚至窗台上掐灭等，这些细节都是很令人讨厌的。对此，必须自觉加以纠正。

（4）吐痰务必入盂。

随地吐痰，也是一种令人厌恶的坏习惯。有些人由于积痰较深，随意将痰到处乱吐。甚至在水泥和木头地板上也如此，这确实是种令人作呕的不文明行为。因为，随地吐痰之所以惹人厌恶，不仅由于痰是脏物，吐在地上会直接弄脏地面，而且还会间接污染环境，传播疾病，损害他人的健康。所以，文明的做法应当是将痰吐入痰盂；如果周围没有痰盂，就应到厕所里去吐痰，吐后立即用水冲洗干净。

表示礼貌的举止当然不止这一些，这里提及的只是其中比较常见的若干种。在社交场合，每一个人都应该有意识地、恰当地运用这些礼貌举止，既不要过于谦卑，也不要过于傲慢；做到举止得当，礼貌周到，充分体现出你的教养和风度。这样，就会给人留下一个很好的印象。

2. 恰当地运用表情的礼仪

表情在非语言符号中，是最丰富的，也是最具有表现力的。人们通过面部表情的变化，来表达出内心的真实感受，它能生动充分地展现人类的各种情感。因此，在交际中应根据特定场合和需要，恰当地运用表情的礼仪。

眼神的礼仪

眼睛是人类面部的感觉器官之一，最能有效地传递信息和表情达意。社交活动中，眼神运用要符合一定的礼仪规范，不了解它，往往被人视为无礼，给人留下坏的印象。

在与人交谈时，目光应该注视着对方。但应使目光局限于上至对方额头，下至对方衬衣的第二粒纽扣，左右以两肩为准的方框中。如果对对方的讲话感兴趣，就要用友善的目光正视对方的眼区。另外，不能将目光长时间地集中在对方的脸上或身体的某一部位，特别是初次见面或与异性见面。在不太亲密的交往对象之间，长时间地直盯着对方，是一种失礼行为。

自己若想要中断的话，可以有意识将目光稍微转向他处。当对方说了错误的话显得拘谨时，不要马上转移自己的视线，相反，要继续用柔和理解的目光注视对方，否则，被别人误解为嘲笑他。当双方缄默不语时，不要再看着对方，以免加剧尴尬局面；谈得很投入时，不要东张西望，否则别人会误认为你已经不耐烦了。

当你被介绍与人认识时，眼睛要看着对方脸部，但不能将对方上下打量。有求于对方或者等待对方回答时，眼睛略朝下看，以示谦恭和恳请。

上台讲话时，要先用目光环顾四周，以示对到会人的尊重。在社交场合，最忌讳和别人眉来眼去和使用满不在乎的眼神，这是没有礼貌和修养的表现。

进入上级的办公室时，不要把目光落在桌上的文件。走进陌生人的居室，也不要东张西望。和长辈说话时，最好走近他，用尊敬的目光直视对方。

眉毛传递的信息

眉毛与眼睛离得最近它同眼睛一样能传递信息，表露人的真情实感。所以，为了体现良好的形象和修养，在日常交往中，双眉要经常保持自然平直的状态，不要随便皱眉，挑眉梢，改变眉的位置。

（1）双眉平展。表示内心的平和。

（2）眉头紧皱。表示内心的不满、为难、厌烦或者思索、考虑。

（3）眉梢微挑。对眼前的事物表示询问和怀疑。

（4）双眉向上斜立。表示非常地生气、愤怒和仇恨。

（5）眉梢耷拉。代表无奈、遗憾或毫无兴趣。

嘴传递的信息

不同的嘴部动作通常表示不同含意。嘴传情达意的能力仅次于眼睛。在社交活动中，谈话时上下唇应自然开合，尽量少努嘴和撇嘴。站立、静坐或与他人握手时，嘴可以微闭，不要露出牙齿，保持微笑状。

（1）噘嘴。表示轻微的不高兴或不满。

（2）微露牙齿的双唇。表示对对方的友善。

（3）努嘴。表示怂恿或支持、撺掇、嘲讽。

（4）咂嘴。表示赞叹或惋惜。

（5）撇嘴。表示轻蔑或讨厌。

（6）紧闭的双唇。表示严肃认真思考和对待，或者对某人某物不感兴趣。

鼻子传递的信息

（1）皱鼻。多表示好奇或吃惊。

（2）挺鼻。多表示倔强或自大。

（3）摸鼻。多表示亲切或重视。

（4）缩鼻。多表示好奇或吃惊。

（5）抬鼻。多表示歧视或轻视。

下巴传递的信息

（1）收起下巴。表示忍耐。

（2）收缩下巴。表示听从、驯服。

（3）耷拉下巴。表示无精打采、困乏。
（4）突出下巴。表示有敌意，有攻击的可能性。
（5）前伸下巴。表示目中无人，自大。

3. 手势的运用要合乎礼仪

手是人的身体上最灵活自如的一个部位，所以手势是举止仪态礼仪之中最丰富、最有表现力的。不同的手势所构成的手势语也不尽相同，千变万化，十分复杂。在不同国家、不同地区、不同民族，由于文化习俗的不同，手势的含义也有很多差别，甚至同一手势表达的含义也不相同。因此，手势的运用只有合乎礼仪，才不至于无事生非。

几种常用的手势语

前摆式手势语。五指并拢，手掌伸直，自身体一侧由下向上抬起，以肩关节为轴，手臂稍曲，到腰的高度在身前右方摆到距身体15厘米处时停止。若右手拿着东西或扶着门时，这时要向宾客做向右"请"的手势时，可以用这种手势语。

直臂式手势语。手指并拢，掌伸直，屈肘从身前抬起，向应到的方向摆去，摆到肩的高度时停止，肘关节基本伸直。需要给宾客指方向时，可采用这种手势语。

横摆式手势语。五指伸直并拢，手掌自然伸直，手心向上，肘微弯曲，腕低于肘。以肘关节为轴，手从腹前抬起向右摆动至身体右前方，并与身体正面成45度角时停止。同时，脚站成右丁字步。头部和上身微向伸出手的一侧倾斜，另一只手下垂或背在背后，面带微笑。在商界场合中在表示"请""请进"时常用这种手势语。

双臂横摆式手势语。当来宾较多时，表示"请"可以动作大一些，这时候可采用双臂横摆式手势语。即两手从腹前抬起，手心向上，同时向身体两侧摆动，摆至身体的侧前方，上身稍前倾，微笑施礼，向大家致意，然后退到一侧。

斜摆式手势语。手先从身体的一侧抬起，到高于腰部后，再向下摆去，使大小臂成一斜线。请客人就座时，手臂摆向座位的地方时，可使用这种手势语。

几种手势的不同解释

掌心向下的招手动作。在我国，向别人招手，并要求他向你走过来，一般为掌心向下，手掌上下轻微晃动；但在美国这是叫狗的动作。

跷起大拇指手势。在我国和一些国家，这一手势一般都表示顺利或夸奖别人。但也有很多例外，在美国和欧洲部分地区，表示要搭车，在德国表示数字"1"，在日本表示"5"，在澳大利亚就表示骂人。与别人谈话时将拇指翘起来反向指向第三者，即以拇指指腹的反面指向除交谈对象外的另一人，是对第三者的嘲讽。

V型手势。这种手势表示"胜利"。在我国过去表示"二"，在英国、新西兰等国家，手心向外的"V"型手势是表示胜利，若手心向内，就变成骂人的手势了。

举手致意。举手致意也叫挥手致意，用来向他人表示问候、致敬、感谢。当你看见熟悉的人，又无暇分身的时候，就举手致意,可以立即消除对方的被冷落感。要掌心向外,面对对方,指尖朝向上方,伸开手掌。

OK手势。拇指、食指相接成环形,其余三指伸直,掌心向外。这种手势在美国表示"了不起、顺利"的意思;在日本、韩国,则表示金钱;在泰国表示"没问题";在法国表示"零"或"毫无价值"。

手势语中的禁忌

掌心向下挥动手臂,勾动食指或除拇指外的其他四指招呼别人,用手指指点他人等都是非常失敬于人的手势。

在他人面前掏耳朵、搔头皮、抠鼻孔、挖眼屎、剔牙齿、摸脚丫、抓痒痒等手势很不卫生,不仅是不当之举,而且也极为令人反感。

在公共场合,双手小动作过多,或是咬指尖、抬胳膊、折衣角、挠脑袋、抱大腿等手姿,都是不稳重的手姿。

4. 坐姿的礼仪讲究

坐姿往往是人们采用最多的姿态,坐相的好坏直接影响到你在他人心目中的形象。优雅的坐姿传递着自信、友好、热情的信息,同时也显示出高雅庄重的良好风范。

(1)就座时的礼仪。

入座时走到座位前,转身后把右脚向后撤半步,轻稳坐下,然后把右脚与左脚并齐,坐在椅上,上体自然挺直,头正,表情

社交与礼仪

自然亲切，目光柔和平视，嘴微闭，两肩平正放松，两臂自然弯曲放在膝上，也可以放在椅子或沙发扶手上，掌心向下，两脚平落地面，起立时右脚先后收半步然后站起。

一般来说，在正式社交场合，要求男性两腿之间可有一拳的距离，女性两腿并拢无空隙。两腿自然弯曲，两脚平落地面，不宜前伸。在日常交往场合，男性可以跷腿，但不可跷得过高或抖动，女性大腿并拢，小腿交叉，但不宜向前伸直。

要想坐姿更加的优美，入座时就要轻柔缓和，就座时不可以歪歪扭扭，两腿过于叉开，不可以高跷起二郎腿，若跷腿时悬空的脚尖应向下。坐下后不要随意挪动椅子、腿脚不停地抖动。女士着裙装入座时，应用手将裙装稍稍拢一下，不要坐下后再站起来整理衣服。在正式场合与人会面时，不可以一开始就靠在椅背上。就座时，一般至少坐满椅子的三分之二，不可坐满椅子，也不要坐在椅子边上过分前倾。

（2）离座时的礼仪。

①礼貌声明。

离开座椅时，身边如果有人在座，应该用语言或动作向对方先示意，随后再站起身来。

②注意次序。

和别人同时离座，要注意起身的先后次序。要优先尊长，即地位低于对方时，应该稍后离座。地位高于对方时，可以首先离座。双方身份相似时，可以同时起身离座。无论如何，抢先离座都是失态的表现。

③动作轻缓。

离座时要注意礼仪序列，不要突然起身离座时，惊吓他人，最好要动作轻缓。不要因为不注意而弄出响声或将椅垫、椅罩弄掉在地上。

④从左离开。

"左出"是一种礼节。不论是从正面、侧面还是背面走向座位,通常都讲究从左侧一方离开自己的座位。

(3)座位高低不同时的坐姿礼仪。

正常的座位:两脚尽量向后左方,让大腿和你的上半身成90度以上角度,双膝并拢,再把右脚从左脚外侧伸出,使两脚外侧相靠,这样不但雅致,而且显得文静而优美。

较高座位:上身要正直,但可以跷大腿。其方法是将左腿微向右倾,右大腿放在左大腿上,脚尖朝向地面,不要右脚尖朝天。

较低座位:轻轻坐下,臀部后面距座椅背约2厘米,背部靠座椅靠背。若穿的是高跟鞋,坐在低座位上,膝盖会高出腰部,应当并拢两腿,使膝盖平行靠紧,然后将膝盖偏向对话者,偏的角度应根据座位高低来定,但以大腿和上半身构成直角为标准。

(4)最为常用的坐姿礼仪。

①正襟危坐。

上身与大腿、大腿与小腿、小腿与地面,都应当成直角。双膝双脚完全并拢。这种坐姿是最基本的坐姿,适用于最正规的场合。

②大腿叠放。

两条腿的大腿部分叠放在一起。叠放之后位于下方的一条腿垂直于地面,脚掌着地。位于上方的另一条腿的小腿则向内收,同时脚尖向下。这种坐姿多适用男士在非正式场合采用。

③垂腿开膝。

上身与大腿、大腿与小腿都成直角,小腿垂直于地面。双膝分开,但不能超过肩宽。这种坐姿较为正规,多为男士所使用。

④双腿叠放。

将双腿完全地一上一下交叠在一起,交叠后的两腿之间没有任何缝隙,犹如一条直线。双腿斜放于左或右一侧,斜放后的腿部与地面呈45度角,叠放在上的脚尖垂向地面。这种坐姿适合于身份地位高的人士,或穿短裙子的女士采用。

⑤双脚交叉。

双膝先要并拢,然后双脚在踝部交叉。交叉后的双脚可以内收,也可以斜放,但不宜向前方远远直伸出去。这种坐姿适用于各种场合,男女都可选用。

⑥双腿斜放。

双膝先并拢,然后双脚向左或向右斜放,力求使斜放后的腿部与地面呈45度角。这种坐姿适用于穿裙子的女士在较低处就座使用。

⑦前伸后屈。

大腿并紧之后,向前伸出一条腿,并将另一条腿屈后,两脚脚掌着地,双脚前后要保持在同一条直线上。这种坐姿是适用于女性的一种优美的坐姿。

⑧双脚内收。

两大腿首先并拢,双膝略打开,两条小腿分开后向内侧屈回。在一般场合采用,男女都比较适合。

5. 站姿是优美仪态的起点

站姿无论是在社交场合，还是在日常交往中，都是一种最基本的举止。站立是静态造型的姿态，是优美仪态的起点，因此，站姿不仅要挺拔，还要优美典雅。站姿的基本要求是"站如松"，基本要领是头平正，双肩平，两眼平视，下颌微收，面带微笑，挺胸，收腹，立腰，双肩放松，双臂自然下垂，双手在背后交叉或体前交叉，双腿直立。

（1）站姿的规范方式。

两脚跟靠拢，身体重心主要落于脚掌、脚弓上。脚尖开度为45度至60度，两脚并拢立直，髋部上提。

两肩放松，气下沉，自然呼吸。两手臂放松，自然下垂于体侧，虎口向前，手指自然弯曲。

腹肌、臀大肌微收缩并向上挺，臀、腹部前后相夹，髋部两侧略向中间用力。脊椎、后背挺直，胸略向前上方挺起。

脖颈挺直，头顶上悬。下颌微收，双目平视前方。

（2）不同场合的站姿要求。

在升国旗、接受奖品、致悼词等庄严的仪式场合，应采取严格的标准姿态，而且神情要严肃。

主持文艺活动、联欢会时，可以将双腿并拢站立，女士可以站成丁字步，让站姿显得更加优美。

礼仪小姐的站立，一般采取丁字步或立正的姿势。若是双手端物品时,上手臂应靠近身体两侧,但不必夹紧,下颌微收。

侍应人员因站立时间很长,因此双腿可以平分站立,双腿分开不宜超过肩。双手可以交叉或前握垂放于胸前,但要注意收腹。

(3)站姿的注意事项。

①站立时,以鼻子为中线的人体应大体成直线,使竖看有直立感;肢体及身段应给人舒展的感觉,使横看有开阔感;从耳至脚踝骨应大体成直线,使侧看有垂直感。

②站立交谈时,身体不要倚门、靠墙、靠柱,双手可随说话的内容做一些伴随手势,但动作不能太多、太大,以免显得粗鲁。不要将手插入裤袋或交叉抱在胸前,更不能下意识地做小动作。

③站立时不应东倒西歪、两脚间距过大、耸肩驼背、左摇右晃。

6. 走路也应当遵守礼仪

走路是一项必不可少的举止行为,因此走路不但要遵守交通规则,还有一些基本的礼仪要求应当遵守。

(1)走姿的基本要求。

①脊背与腰部要伸展放松,脚跟要首先着地,并走出直线。靠道路的右侧行走,遇到同事要主动问好。

②走路时上身自然挺拔,双目向前平视,微收下颌。挺胸、

收腹、立腰，重心稍向前倾，大臂带动小臂自然前后摆动。

③步行时，跨出的步子应是全部脚掌着地，膝和脚腕不可过于僵直，应该富有弹性，膝盖要尽量绷直，双臂应自然轻松摆动，从而使步伐有节奏感。

（2）根据着装的变化掌握不同的步态。

①穿西装时要注意挺拔，保持后背平直，两脚立直，走路的步伐可略大些。手臂放松，伸直摆动，不能晃肩，髋部不要左右摇摆。

②穿旗袍时要求身体挺拔，下颌微收，走路幅度不要过大，两手臂在体侧摆动不宜过大。

③穿长裙时走路要平稳，步幅可稍大些，保持裙摆的摆动与脚步协调。

④穿短裙时，行走步幅不宜过大，速度可稍快。

（3）行走的礼仪。

在公路上行走时，要自觉地走人行道，不要走行车道，还应自觉让出专用的盲道。无人行道时，应尽量走路边。在道路上行走时，按惯例应自觉走在右侧一方，不可逆行左侧一方。

走路时切不可做一个失礼的莽汉。多人一起步行，尤其是与尊长、异性一起在较为正式的场合步行时，一定要注意位置的具体排列应符合礼仪。多人并排行走时，其规则是：两人时，以右为尊，以内侧为尊；以左为卑，以外侧为卑。并行者多于三人时，以居中者为尊。多人单行行走时，以前为尊，以后为卑。所以，要尽量让尊长者或女性走中间和内侧。

走路时忌多人携手并肩前行，那样会阻碍别人行走，而且还不利于交通安全，当走在狭窄的道路时，很容易被来往的车辆

社交与礼仪

剐到。

在道路上行走时,行动不要太慢,应该保持一定的速度,以免阻挡身后的人,更不要在路上停留、休息或与人长谈。

走路时不要吃零食,这样不仅吃相不雅,也不卫生,而且,还有可能给其他行人造成不便,妨碍他人。不要认为走路吸烟是一种帅气的行为,那样其实会令人望而生厌。

走路时不要随手乱丢废弃物,应将废弃物品投入专用的垃圾箱。

走路时需要清嗓子、吐痰,应在旁边无人时,将痰吐在纸巾里包好,然后投入垃圾箱,不要将其咽下,更不能随地乱吐,也不能直接吐入垃圾箱。

恋人或夫妻一起走路时,不应有勾肩搭背、搂搂抱抱等不雅举止,不能表现得过分亲密。因为这种行为极不自重,而且令旁人鄙视。

街头发生冲突时,切莫围观、起哄,应劝阻。对于陌生的异性,不要频频回首顾盼,更不能尾随其后进行骚扰。

对公共场所的各种设施、物品,要自觉爱护。不要攀折树木、采折花卉,践踏绿地、草坪或在墙壁上信手涂鸦、划痕。

对毫不相干的私人居所,不要贸然上前打扰,不要在别人家的门口、窗口、墙头偷偷观望,窥视他人的隐私。

走路时要遵守交通规则,过马路要走人行道、天桥或地下通道,要看红绿灯或听从交警指挥。不要乱闯红灯,翻越隔离栏,或在马路上随意穿行。

切忌冷面视人。熟人相遇,要问候,要用适当的方式与对方打个招呼。对不相识的人,如正面接触,也应点头友好示意有人问路时，应真诚相助，不要不理睬。向他人问路，事先要用尊称，事后要微笑致谢。

遇到老弱病残者，或孕妇、儿童有困难时，应主动上前帮忙，不要歧视，更不要讥讽或呵斥。

通过狭窄的路段时，应请他人先行。在拥挤处不小心碰到别人，要立刻说"对不起"，对方应答以"没关系"。以粗鲁的态度予以回复，是非常不礼貌的行为。

7. 重视公共场所礼仪

公共场所，是指为社会大众提供服务的地方。如公园、影剧院、文化馆、图书馆、商店、街道、马路、交通场合等。礼仪与社会公德的内容，有较大的重叠。这种重叠，在公共场所表现得尤为明显。在公共场所，作为一个文明的、有教养的人，应十分重视公共场所礼仪。

（1）衣装得体，入乡随俗。

公共场所的活动空间较为宽阔，不同的公共场所，又各具特点。比如去电影院、音乐厅，与去体育馆或宴会、舞会，风格就完全迥异。因此，在不同的公共场所，应注意自己的衣装是否得体。一般说，着装应视场合、季节、对象的情况而定。即使天气炎热，也不应袒胸露背，赤身露体。公共场所有免费开放和收费服务的区别，如公园、图书馆与体育馆、电影院就有区别。我们应入乡随俗，注意买票入内时，应文明购票，礼貌入场。

（2）遵守公德，注意法纪。

一般公共场所人比较多，遵守公德是每个人都应该自觉做到的。在大街上行走，人多拥挤时，应鱼贯而行，三人以上同行，忌连臂横排，阻挡他人通过，既影响交通秩序，也危及自身安全。在公共场所排队购物（票）时，一忌拥挤起哄，二忌与排在自己前面的人身体贴靠得太近，在不得已被挤贴的情况下，更忌咳嗽、吸烟、晃动。排队应按先来后到为序，自己"加塞"是失礼的，助人"加塞"也是无礼的。若确有紧急情况或特殊理由，可礼貌地求得排队人的同意后，方可优先办理。办完后，还应再次向排在前面的人致谢，忌办妥后即扭头得意而去。在公共场合，因违反有关规定，受到批评或处罚时，切忌强词夺理，恶语伤人，应虚心认错，诚恳接受。

（3）礼貌待人，尊老爱幼。

在公共场所，人多，难免发生拥挤，应和气地请别人让点路，不应凭体力一声不响地猛冲猛挤，磕碰强行。在公共场所遇到老人、孕妇、带小孩的妇女、残疾人等体弱不便的人，更应主动让路、让座，切忌利用他们的弱点，抢座、占道。如因不慎和别人相碰撞，应及时致歉，说句"对不起""请原谅"等文明用语，不可怒目相视，出言不逊，甚至大打出手。一般情况下，尽量避免挤贴到别人（特别是异性）身体上，如确实太拥挤，无法躲让，也应诚心道歉，别人也会因你的礼貌而谅解。

（4）举止大方，仪态优雅。

公共场所是属于大家的，不是个人宅所。所以，一切举止行为，都应文明大方，忌言行粗俗。如在茶馆、图书馆、公园等雅静场所，忌不停地窃窃私语，也不宜大声喧哗。如迟到入座，应客气地请别人让一让;发现自己的座位已被他人坐着(可能是夫妇或恋人),要求换座时,要尽量照顾,不要以为自己有理,就以理压人,粗暴拒绝,强行驱赶对方,让对方处于被动难堪境地。与情侣在公共场所,要注意自己的举止言行,不可目无他人,做出有碍观瞻的举动;女性更应自尊自重,仪态端庄,忌无节制地嬉笑或卖弄风情。

(5)公共场所,最好禁烟。

当今世界,限制在公共场所吸烟,已成风尚。一些发达国家(地区)和我国的一些大城市,都先后明文规定:在公共场所禁止吸烟。这是必须遵守的。即使在无此规定的公共场所,最好也应注意克制,主动不吸或尽量少吸。吸烟时,更忌面对别人吞云吐雾,烟灰、烟头随意乱扔。在公共场所,不管自己是否吸烟,最好不向别人敬烟。与人共处时,如有年长者、女士们在座,应先征得他(她)们同意,方可取烟抽,但也不能征得一次同意后,便一支接一支、肆无忌惮地抽个不停。

(6)注重公共卫生。

公共场所由于人们往来穿梭,频繁流动,所以公共环境的卫生,要依靠大家来保持。在公共场所切忌随处乱扔废弃物和随地吐痰或甩鼻涕;在影剧院,忌吃有果皮、果壳类的食物;对有包装的小食品,也应注意包装物的处理,一般是集中包好,走出座位,扔进果皮箱;在路上骑车行进时,不要扭身向旁边随口吐痰或甩鼻涕,这不但会造成路面不清洁,还可能会飞溅到后面骑车人的身上,而且自己的形象也不雅观。

第三章 社会交往，让你有礼走遍天下

"以礼服人""礼多人不怪"，这是古老的中国格言，它在今天仍有十分实用的效果。社交礼仪是指在人际交往、社会交往和国际交往活动中，用于表示尊重、亲善和友好的首选行为规范和惯用形式。了解并很好地应用社交礼仪，不仅有利于建立广泛的人脉关系，更能使你在人际交往中游刃有余。

第三章 社会交往，让你有礼走遍天下

1. 微笑是社交中不可缺少的礼节

笑是眼、眉、嘴和颜面动作的集合，是一种令人感觉愉快的面部表情，它是最美好的形象。在千变万化的面部表情中，微笑是最美的，它可以缩短人与人之间的心理距离，为深入沟通与交往创造和谐的氛围。在人们越来越渴望得到他人尊重的今天，微笑成为人际交往中不可缺少的礼节。因此，我们在工作与生活中，若想营造良好的交际氛围，获得良好的人际关系，就要尽量地把真诚友好的微笑奉献给他人。

美国"旅馆大王"希尔顿于1919年把父亲留给他的12万美元连同自己挣来的几千元投资出去，开始了他雄心勃勃的旅馆经营生涯。当他的资产从15万美元奇迹般地增值到几千万美元的时候，他欣喜自豪地把这一成就告诉母亲，想不到，母亲却淡然地说："依我看，你跟以前根本没有什么两样，事实上你必须把握比5100万美元更值钱的东西：除了对顾客诚实之外，还要想办法使来希尔顿旅馆的人住过了仍流连忘返，你要想出这样的简单、容易、不花本钱而行之久远的办法去吸引顾客。这样你的旅馆才有前途。"母亲的忠告使希尔顿陷入迷惘：究竟什么办法才具备母亲指出的"简单、容易、不花本钱而行之久远"这四个条件呢？于是他逛商店、串旅店，以自己作为一个顾客的亲身感受，得出了准确的答案:"微笑服务"这实实在在的同时具备母亲提出的四个条件。从此,希尔顿实行了微笑服务这一独创的经营策略。每天他对服务员的第一句话是:"你对顾客微笑了没有?"他要求每个员工不论如何辛苦,都要对顾客投以微笑,即使在旅店业务受到经济萧条的严重影响的时候,他也经常提醒职工记住:"千万不要把自己的冷面孔摆在脸上,无论旅馆本身遭受的困难如何,希尔顿旅馆服务员脸上的微笑永远都是最灿烂,最温暖的。"

因此,经济危机后幸存的20%的旅馆中,只有希尔顿旅馆服务员的脸上带着微笑。当经济萧条刚过,希尔顿旅馆就率先进入新的繁荣时期,跨入黄金时代。其中微笑服务是他们的制胜法宝。

微笑的方式

微笑的方法是以额肌收缩,眉位提高,眼轮匝肌放松;两侧颊肌和颧肌收缩,肌肉略隆起;两面侧笑肌收缩,稍微下拉,口轮匝肌放松;嘴角微微上提,嘴唇呈半开半闭状,不露齿为最佳。

微笑的基本做法是不发声、不露齿,肌肉放松,嘴角两端向上略微提起,面含笑意,使人如沐春风。微笑须发自内心。当一个人心情愉快、兴奋或遇到高兴的事情时,都会自然地流露出这种笑容。这是一种内心情感的自然流露。发自内心的微笑既是一个人自信、真诚、友善、愉快的心态的表露,同时又能营造明朗愉快和亲切的交际氛围。而矫揉造作的微笑,给人一种不真诚、不友善的感觉,也会给我们的工作与交往带来阻碍与阴影。

第三章 社会交往,让你有礼走遍天下

微笑是人们交往中最富有吸引力、最有价值的面部表情,但也要注意区分场合,要笑得得体、笑得适度,这样才能充分表达最美好的感情。与人初次见面,给对方一个亲切的微笑,会拉近双方的心理距离,消除双方的拘束感;与朋友同事见面打招呼,带点微笑,显得和谐、融洽;上级给下级一个微笑,会让人感到平易近人。正式场合的笑容要适度,故意遮饰笑容、抑制笑容不但有损美感,而且有碍身体健康。而放声大笑或无节制的笑同样不雅,无原因的边看别人边哈哈大笑,更为无礼。在各种场合只有恰如其分地运用微笑,才能达到传递情感的目的。

笑容的禁忌

在人际交往中,以下几种笑是应该回避的。

(1)假笑。即笑得虚假,皮笑肉不笑。

(2)冷笑。即含有怒意、讽刺、不满、无可奈何、不屑一顾、不以为然等容易使人产生敌意的笑。

(3)怪笑。即笑得怪里怪气,令人心里发麻,多含有恐吓、嘲讥之意。

(4)媚笑。即有意讨好别人,非发自内心,具有一定的功利性目的的笑。

(5)怯笑。即害羞、怯场,不敢与他人交流视线,甚至会面红耳赤的笑。

(6)窃笑。即偷偷地扬扬自得或幸灾乐祸的笑。

(7)狞笑。即面容凶恶,多表示愤怒、惊恐、吓唬。

在人际交往中,保持微笑,让微笑真正的发自内心,渗透着自己的情感,表里如一,毫无包装的微笑才有感染力,才能被视作"参与社交的通行证"。

2. 注意握手的细节

聚散忧喜皆握手,此时无声胜有声。握手礼是目前世界上许多国家通行的礼节,也是人们日常交际的基本礼节。有一首顺口溜说道:相逢点头笑,握手问个好,笑容挂眉梢,心儿甜透了。握手是社交活动中一个神秘的使者。对陌生的人,握手是结成友谊的桥梁;对远方的来客,握手能表达深厚的感情;对爱恋的人,握手是心灵的交流;对危难的人,握手是信心和力量。

握手通常是你与他人的第一次身体接触,而握手这个动作会给人一种什么样的观感,跟以下几个细节有很大的关系:

(1)握手的场合。

应该握手的场合,至少有以下几种:

①在你被介绍与人相识时。

②与友人久别重逢时。

③社交场合突遇熟人时。

④客人到来与送别时。

⑤拜托别人时。

⑥与客户交易成功时。

⑦别人为自己提供帮助时。

⑧向人表示祝贺、感激、鼓励时。

⑨劝慰友人时。

握手应本着"礼貌待人,自然得体"的原则,并灵活地掌握与运用握手礼的时机,以显示自己的修养与对对方的尊重。握手虽然简单,但握手动作的主动与被动、力量的大小、时间的长短、身体的姿势、面部的表情及视线的方向等,往往表现握手人对对方的不同礼遇和态度,也能窥测对方的心理奥秘,因而握手是大有讲究的。

(2)握手的方式。

握手需要用右手。握手时要注视对方,千万不要一面握手,一面斜视他处,或东张西望,这都是不尊重对方的表现。有时为了表示更多的敬意,握手时还要微微点头鞠躬。握手时要上下微摇,不是一握不动。男士之间可以握得较紧较久,以表示热烈。但要注意既不能握得太使劲,使人感到疼痛,也不能显得过于柔弱,不像个男子汉。对女士则只能轻握,也不宜握得太久不放,老朋友可以例外。

一般是站着握手,除因重病或其他原因不能站立者外,不要坐着与人握手。不过,如果两人都是坐着,可以微驱前身握手。

人多时,注意不要交叉式握手,可待别人握完再握。每逢热烈兴奋的气氛时有些人容易忽略这一点,要特别注意。到朋友家中,客人多,只需与主人及熟识的人握手,其余的人只需点头致意。但经过主人介绍的,就要逐一握手致意。

握手时要脱去手套,如因故来不及脱掉就握手,须向对方说明原因并表示歉意。

不过据欧美传统礼貌,穿大礼服、戴白羊皮手套者,因不易脱下,按习惯可以不脱手套握手,但须请求对方原谅。另外,据西方传统,地位高的人和妇女也可以戴手套握手。

用右手握手后,左手也加握,也可说用双手握手,这是现

社交与礼仪

代人常实行的礼节，以表示更加亲切，更加尊重对方。但这种礼节，不必每次都用，男人对女宾则一般不用。

军人戴军帽与对方握手时，应先行举手礼，然后再握手。

握手除是见面的一种礼节外，还是一种祝贺、感谢或相互鼓励的表示。如对方取得某些成绩与进步时，对方赠送礼品时以及发放奖品、奖状、发表祝词讲话后等，均可以握手来表示祝贺、感谢、鼓励等。

（3）握手的时间。

握手的时间应长短适宜，一般以三至五秒为好。如初次见面，握手时间不宜过长。如果老朋友意外相见，握手时间可适当加长，以表示不期而遇的喜悦或真诚，甚至可以一边握手一边寒暄，但一般也不要超过20秒为好。男士与女士握手，时间不宜过长，拉住女士的手不放是很不礼貌的。

（4）握手的力度。

握手用力要均匀，不要死握住对方不放，让人有痛感，尤其对女性，不能让女性产生痛楚感。也不要松松垮垮，软绵无力，尤其是男性，握手如果无力，只轻轻碰一下，被认为是毫无诚意或拒人于千里之外。对于女性而言，握手可以松软些，不必太用力，而且，男人同女人握手，一般只轻握对方的手指部分。握姿要沉稳、热情、真诚。所谓轻重适宜，就是指握手时的力度能传递自己的热情但又不失于粗鲁。

（5）与尊贵者握手。

与尊贵者握手，如老人、长辈或贵宾握手，不仅是为了问候和致意，还是一种尊敬的表示。除双方注视，面带微笑外，还应注意以下几点：

①出手先后。

在一般情况下,平辈、朋友或熟人先伸手为有礼,而对老人、长辈或贵宾时则应等对方先伸手,自己才可伸手去接握。否则,便会看作是不礼貌的表现。

②握手姿势。

握手时,不能昂首挺胸,身体可稍微前倾,以示尊重,但也不能因对方是贵宾时就显得胆小拘谨,只把手指轻轻接碰对方的手掌就算握手,也不能因感到"荣幸"而久握对方的手不放。

③与老人或贵宾握手。

当老人或贵宾向你伸手时,应快步上前,用双手握住对方的手,这也是尊敬对方的表示。并应根据场合,边握手边打招呼问候,如说:"您好""欢迎您""见到您很荣幸"等热情致意的话。

④与多人握手。

遇到若干人在一起时,握手、致意的顺序是:先贵宾、老人,后同事、晚辈,先女后男。还必须注意,不要几个人竞相交叉握手,或在跨门槛甚至隔着门槛时握手,这些做法也是失礼的行为。

⑤注意双手卫生。

在社交中,除注意个人仪容整洁大方外,还应注意双手的卫生,以不干净或者湿的手与人握手,是不礼貌的。如果老人、贵宾来到你面前,并主动伸出手来,而你此时正在洗东西、擦油污之物等,你可先点头致意,同时亮出双手,简单说明一下情况并表示歉意,以取得对方的谅解,同时赶紧洗好手,热情予以招待。

3. 做客拜访礼仪

拜访是社交活动中的一种常见形式,即指拜访者亲自前往对方的办公室或住所,进行接触及探望。它是一种有效的联络情感、扩大交流、增进合作和发展自身的社交活动。

在做客时,为了给主人留个好印象,须注意以下问题:

(1)事先预约。

拜访他人,一般均应提前有所约定。不提倡随意进行顺访,尤其是对待一般关系的交往对象不宜充当不邀而至、打乱对方计划的不速之客。

一般而言,当你决定要去拜访某位友人,应写信或打电话,约定宾主双方都认为比较合适的会面地点和时间。从某种意义上讲,做客需要有约在先,既体现着个人教养,更是对主人的尊重。

在预约时,有以下三个方面的问题需要注意:

一是约定时间。在约定拜访时,一定要在两相情愿的前提下,协商议定到访的具体时间与停留的具体时间长度,对主人所提出的具体时间,应予以优先考虑。由客人自己提出方案时,最好给对方多提供几种选择。

在一般情况下,主人认为不方便的时间,工作极为忙碌的时间,难得一遇的节假日,不宜打扰的凌晨与深夜,以及常规的用餐时间和午休时间,都不宜用作拜会的时间。

二是约定人数。在预约拜访时,宾主双方均应事先向对方通报届时到场的具体人数及其各自的身份。在公务拜访中，这一点尤其重要。宾主双方都要竭力避免使自己一方中出现对方所不欢迎，甚至极为反感的人物。

通常，双方参与拜会的人员一经约定，便不宜随意进行变动。

做客的一方特别需要注意，切勿任意扩大自己的队伍。在任何时候，来宾队伍过于庞大，都会令主人应接不暇，手忙脚乱，干扰其事先所做的计划和安排。

三是如约而至。约定拜访时间之后，作为拜访者应履约如期而至，不要早到，让人措手不及；也不要迟到，让人久等。更不要轻易更改时间，万一有特殊原因，需推迟或取消拜访，应当尽快打电话通知对方，当下次与对方再见面时，最好再次表示歉意，不要若无其事，让对方空等。

（2）登门有礼。

登门拜访做客时，须遵守以下几条规范：

一是先行通报。抵达主人办公室或私人居所门外后，应先向对方通报自己的到来。可请其秘书或家人转告，也可以敲门或摁门铃。敲门之时，用食指轻叩两三下即可；摁门铃的话，则让铃响两三声即可。若室内没有反应，过一会儿可再敲门或摁门铃。千万不要用拳头敲门，用脚踢门，把门铃摁个不停，或者在门外大呼小叫，骚扰四邻。

千万不要在没有打招呼的情况下推门而入，否则极有可能遭遇让人尴尬的场面，令自己进退两难。

二是施礼问候。与主人相见，应当主动向对方问好，并且与对方握手为礼。同对方假如初次谋面，则还须略做自我介绍。遇到主人的同事、亲属时，应当主动向对方打招呼、问好，而不宜旁若无人，不搭不理。

前往亲朋好友的私人居所做客时，可为对方携带一些小礼物，诸如鲜花、糖果、书籍、光碟等。礼品不论有多精美昂贵，一定要用礼品纸包装起来，忽视这一点，会被认为是对受礼人的不重视。

三是衣着得体。在拜访他人时，一定要注意仪表整洁，衣着得体。越是正式的拜访，就越要注意这一点。在正常情况下，拜访时的着装应当干净、整洁、高雅、庄重，过分随便的服装是不宜选择的。这既是对主人的尊重，也是自身文明教养的体现，并且还要关注着装的某些重要细节，例如，袜子一定要无洞、无味，不然进门后一旦需要更换拖鞋，可能就要当众出丑了。

进门之后，按照常规，应当自动地脱下外套，摘下帽子、墨镜、手套，并且将其暂放于适当之处。

四是应邀就座。受主人邀请进入室内时，应主动随行于主人身后，切勿抢先一步，随意前行。在一般情况下，主人会邀请来客在其指定之处就座，届时恭敬不如从命。

在就座时要注意三点：一是不要自行找座，二是与他人同至时应相互进行谦让，三是最好与其他人，尤其是主人一起落座，切勿抢先落座。

拜访时如未被主人相邀入室，通常表明自己来得不合时宜。知难而退，是此刻的最佳选择。切勿不邀而入，或是探头探脑向室内进行窥视。

（3）做客礼节。

拜访要有明确的目的，在礼节性的寒暄后，应尽快进入实质性主题，态度要热忱、大方，举止要得体、彬彬有礼。交往中注意主人的态度、情绪和反应，遵从"客从主便"的原则。

到住宅拜访，拜访者还要注意一些礼貌细节。如坐姿端庄，谈吐文雅。主人端上水果或食物时，应待身旁长者先用后，再取之。吸烟要尽量克制，或者先征求主人或在场女士的同意后，再吸烟，并遵守吸烟的礼仪规则。在住宅拜访还应注意，未经主人允许，不要擅自到其他房间走动，不可触摸主人室内的物品或陈设，也不可随便打听了解主人家的个人生活隐私，应尊重主人，彬彬有礼地做客。

（4）告辞礼节。

拜访他人，要事先想好此次拜访的目的、准备谈些什么内容，以免杂乱无章。一般情况下，如无要事商谈，逗留时间不要过长，以不超过30分钟为宜。在他人家中无谓地消磨时光是不礼貌的，也是令人讨厌的举动。如果主人执意挽留用餐，则饭后应停留一会儿再走，不要吃完饭，抹抹嘴就走人。辞行要果断，不要告别了许久也不走，动嘴不动腿。拜访结束，应向主人表示真挚的感谢，因为你占用了别人的时间，如果不这样做的话，是很失礼的。

4. 请客吃饭也要讲礼节

请客吃饭，是我们人际交往的一个很重要的手段。会请客，你的人际关系如沐春风；不会请客，你会"四面楚歌"，到处碰壁。

请客吃饭作为求人交往中的一种礼节性行为，向"贵人"发出邀请是第一个步骤，恰当邀请可以为求人顺利成功创造条件，奠定基础。我们应该做到：

（1）选择合适的对象。

确定邀请对象是邀请首先应该解决的问题。而邀请对象的选择必须根据交际应酬的目的而定。就一般的情况而言，下棋应请棋友；跳舞要请舞友；打球当请球友；乔迁、喜丧则请亲朋故友；开业剪彩就该请有利于工作展开、业务往来便于协调社区关系及从事新闻媒介传播等方面的客人……

求人办事，邀请的对象自然是能给你带来帮助的人，但有时也需要一些其他朋友作陪，如果遇到这种情况，就应当精心安排，选择邀请对象，要根据求人的性质、需要及宴会规模的大小等，遵循先主要后次要，先亲近后疏远的原则，来划定邀请范围，依次确定邀请名单。

此外，还要适当考虑邀请对象的学识、年龄、地位、性格的差异和他们相互间的关系等，注意邀请对象间的关系和谐，不要给你的应酬交际带来不便和麻烦。

（2）采取恰当的方式。

采取何种方式邀请，要具体问题具体分析，根据交际的性质、对象而定。学者、专家、领导等，大多工作忙、时间紧，对他们最好提前相约，以便他们做好工作调整、时间安排；对某团体的重要人物，公开邀请，甚至借助传播媒介，既能体现公正无私、光明磊落，又利于引起关注、促进宣传、扩大影响；朋友密谈则悄悄地进行，避开旁人的视线，保证交往活动的隐蔽性；一一般的往来、一般的亲友，打个招呼、通个电话、捎个口信儿也就可以了；比较重要的工作联系、业务关系、公关事务等就必须采用相应的公文格式，如发书信、寄请柬等，或者按照一定的规格派专人传达、亲自登门，以示重视和尊重。总之，邀请的方式要因事而异、因人而异。

（3）注意"行""明""便""诚"。

①"行"即邀请的可行性。某人办了一家餐馆，开业剪彩，非要请某市长亲临，来装门面做宣传，谁知久请不到，一拖再拖，最终也没请来，白白浪费了时间。所以邀请要量力而行，既不强人所难，也不为所不能为。

②"明"就是明确、明白。邀请前一定要明确宴会的时间、地点、活动内容、邀请对象等，以便心中有数，做好邀请。还需将上述事项向邀请对象传达明白，以利其接受邀请，担负相应的角色，准时赴约。

③"便"就是尽可能地为邀请对象着想，为其提供来往、交通等方面的便利。王老板想请张教授帮他解决一个科学难题，但张教授年事已高，行动不便，原本打算拒绝，没想到王老板竟派了专车接送，专人护理。张教授很感动，改变了之前的想法。这样予人方便，自己方便，利人利己。

④"诚"就是真诚相约，不虚情假意，不违约、不失信。

有人曾邀请几位朋友到家里去做客。朋友信以为真，谁知他却是虚意敷衍，让朋友吃了闭门羹。他这种失礼行为使朋友非常气愤。事隔多年，提及此事，朋友仍然耿耿于怀。这么邀请耍弄了别人，失去了朋友，岂不害人害己！

请客吃饭作为应酬交往中的一种礼节性行为，只有不失礼节，才会取得效果。恰当邀请是应酬顺利成功的条件。要适当考虑邀请对象的学识、年龄、地位、性格的差异和他们相互间的关系等。

5. 交换名片有"讲究"

名片是一个人身份的象征，如今这已在各个领域被广泛使用，尤其是在商界中，名片的使用更是频繁。而关于使用名片的礼节涉及递交、接受和交换三个环节，是每位商界人士都应注意的礼仪问题。

不少人常常把自己的名片放在衣袋里或钱包里，这是不可取的。自己的名片应放在专用的名片盒或名片夹中。他人的名片也应放入专用的名片簿中，这既表示对他人的尊重，又方便查找。

在适当时大方地递出一张名片，往往使人印象深刻。因此，我们应该知道何时递出名片，何时采取主动；还应该知道，当某人采取主动时，我们应该优雅地交换名片。

在日常交际中，经介绍与他人相识之后，如带有名片，应立即取出，恭敬地用双手捧交给对方。切不可随意放在桌上，让对方自取。收取名片的一方，若有名片，要迅速递上自己的名片；若没有，则应说明并道歉。若是双方均无深交之意，那么相互点头致意或握手为礼即可，不必交换名片。若是双方早已熟悉或是经常见面，也可不必交换名片。

（1）递名片讲究"奉"。

日常生活中，随意用手指指人是极为无礼的行为。因为手指是尖锐之物，尖锐之物是会伤人的，同时用手指指人具有挑衅的意味，所以使人极度反感和产生警戒心。以消除顾客警戒心为第一要务的推销人员切忌用手指或尖锐之物指向客人。

有一位推销人员去拜访公司总经理，递名片时，用食指和中指夹着名片递给对方，本来应递到对方手中的，可他却将名片放在桌上，以致那位经理大为不快，结果就可想而知了。

递名片讲究"奉"，即奉送之意，要表现虔诚、恭敬。下面介绍3种名片递法：

①手指并拢，将名片放在手掌上，用大拇指夹住名片的左端，恭敬地送到顾客胸前。名片的名字反向对己，正向顾客，使顾客接到名片时就可以正读，不必翻转过来。

②食指弯曲与大拇指夹住名片递上。同样名字反向对己。

③双手食指和大拇指分别夹住名片左右两端奉上。

以上3种递法都避免了"尖锐的指尖"指着顾客的禁忌，其中尤以第3种最为恭敬。

也许你认为这是区区小节，不足挂齿。那么别忘了，有时候对名片处理不当，就会使推销工作马失前蹄。

推销人员每天都要递上好几次名片，希望那些想成为推销高手的人千万别不拘这个"小节"。

（2）接名片讲究"恭"。

有些人在定做的衬衫上绣上自己的英文缩写的名字，也有些人戴镶有名字缩写的项链，这并不是怕和别人的东西混淆，或者怕失窃，而是表示对自己名字的重视。很多人终身拼搏就是想成功出名或万世留名。名字是人的第二生命，是生命的延长，侮辱了一个人的名字等于侮辱了他本人。

社交与礼仪

名片正是名字的具体载体,它代表一个人的身份。推销人员在工作中常常要接受名片,接受方式是否恰当,将会影响你给顾客的第一印象,因此必须懂得如何礼貌地接受名片。总的说,接受名片讲究一个"恭"字,即恭恭敬敬,具体说来有6种接受方式可供参考:

①空手的时候必须以双手接受。试想如果别人以此种方式接受你的名片,你一定很高兴。

②接受后要马上过目,不可随便瞟一眼或有怠慢的表示。

③初次见面,一次同时接受几张名片,千万要记住哪张名片是哪位先生或小姐的,如果是在会议席上,休息时不妨拿出来摆在桌上,排列次序,和对方座位一致。这种举动同样不会失礼,反而会使对方认为受到你的重视。

④把对方的名片放在桌上,聊得高兴起来把东西随便压在名片上的大有人在,殊不知这等于是把对方的脸压在屁股下面一样,会使对方感到受了侮辱,因此一定要小心谨慎。

⑤假如你很想得到对方的名片,对方却忘记给你,这种情形经常出现。如果就此畏缩:"他是不愿给我名片的了。"这不是推销人员应有的想法。内向、被动,对推销人员来说是不可取的,你尽可以向他请求。"真冒昧,如果方便的话可否给我一张名片。"这样做,一来不掉你的价,二来会提高对方的身份,没有什么不当的。

名片是对方人格的象征,尊敬对方的名片也就等于尊重对方的人格,当对方感受到你对他的尊重时,必然会增加对你的好感。这将有利于推销工作的开展。因此,接受名片时是否有礼貌,直接影响你的推销成绩,切不可等闲视之。

6. 迎来送往的礼仪

迎来送往，是社会交往接待活动中最重要的环节，是表达主人情谊、体现礼貌素养的重要方面。热情友好地欢迎来客，可以给客人留下良好的第一印象。周到、礼貌地送别宾朋，可以给客人留下美好的回忆，为以后的往来奠定基础。因此，懂得迎来送往的礼仪非常重要。

迎接客人的礼仪

（1）对前来访问、洽谈业务、参加会议的外国、外地客人，应首先了解对方到达的车次、航班，安排与客人身份、职务相当的人员前去迎接。若因某种原因，相应身份的主人不能前往，前去迎接的主人应向客人作出礼貌的解释。

（2）主人到车站、机场去迎接客人，应提前到达，恭候客人的到来，决不能迟到，让客人久等。客人看到有人来迎接，内心必定感到非常高兴，若迎接来迟，必定会给客人心里留下阴影，事后无论怎样解释，都无法消除这种不守信用的印象。

（3）接到客人后，首先要问候，然后再向对方作自我介绍，如果有名片，可送予对方。注意送名片的礼仪。

（4）迎接客人应提前为客人准备好交通工具，不要等到客人到了才匆匆忙忙准备交通工具，那样会因让客人久等而误事。

（5）主人应提前为客人准备好住宿，帮客人办理好一切手续并将客人领进房间，同时向客人介绍住处的服务、设施，将活动的计划、日程安排交给客人,并把准备好的地图或旅游图、名胜古迹等介绍材料送给客人。

会见结束时的礼仪

很多人在会见结束时不知道如何启齿,因为怕说得不恰当而伤了双方的和气,所以,即使会见结束了,也不好意思对客人说"再见"。但当你发现客人的举动不符合安排的事宜,你可以以工作繁忙为借口,结束会见。如果此人纠缠不休,在会见过程中应尽量缩短会见时间,以委婉的借口,提前终止会见。如果双方的主要问题已经解决,而对方还没有告辞的意思,你可以这样说:"和你聊天非常的愉快,可是我现在还有很重要的事情要去做,既然咱们已经达成了共识,下次有机会我们再促膝长谈吧。"这种做法是一个两全其美的办法,既没有得罪客人,又达到了自己的目的。

送客的礼仪

(1)主动问好。为了表达与客人间的深厚感情,客人临行前,应该主动向客人的家人问好,并请其帮忙转达。根据关系亲密程度,还可以赠送一些特产或纪念品,以增进双方感情。

(2)礼貌相送。当客人执意要离开时,身为主人应该真诚地挽留,无论双方是多年熟识的朋友,还是一般性的业务往来,主人都应该亲自相送。等客人走远后,再回房。千万不要在客人还没走远的时候,就转身回房,这样是很失礼的,如果客人礼貌性地回首与你再次道别,却看不到你,心里的滋味肯定不会好受。

(3)尽地主之谊。对于远来之客,在送别前应为客人定好飞机票或火车票,并派专车将客人送往机场或车站。客人乘坐的飞机、火车尚未离开视线时,即使有很重要的事情,主人也不能离开,如果在这个时候提前离开,难免让客人产生想法。

7. 电话交谈讲礼仪

随着社会的发展,电话、互联网等已经成为重要的通信交流工具。它们的出现使得人际间的空间距离相对缩短,人们可以更为便利地进行交流。

电话是当今普及率最高的通信工具之一,利用电话进行人际沟通和交流十分方便。电话交谈的礼仪主要包括如下几个方面。

(1)时间选择。

利用电话进行沟通交流的重要前提是不干扰他人的正常工作、休息和生活。一般认为除紧急要事外,不宜在早上七点以前,晚上九点以后或三餐饭时主动打电话。国际交往中需要通过越洋电话进行沟通交流时,还应注意各个国家和地区的时差,以便选择最佳时间进行电话联系。

接听电话时,应在听到铃响后第一时间拿起话筒,不要让铃响多次,才慢腾腾地接电话。办公场所最好在电话旁准备来电记录本,以方便记录来电中谈及的重要内容。

电话交谈所持续的时间不宜过长,一般以2~3分钟为宜。如需在电话中交流较多内容,可能占用较多时间时,应事先说明情况,并征询对方是否方便;如对方此时工作繁忙或有其他重要事情需要处理,可与对方另约时间联系。在使用公用电话时,要设身处地为他人着想,更应尽可能缩短通话时间。

(2)注意语言的文明。

在电话交流中,语言是表情达意、增进感情的载体,也唯有通过语言才能体现出一个人的文化修养与素质,因此要特别注意文明语言的使用。

打电话是一种特殊的交谈方式,交谈双方互不见面,往往只能凭听筒里传来的声音获取信息。声音中的语音、语调、语气和语言内容成为电话交谈的重要信息载体,对沟通交流效果起决定性作用,因此在电话通信礼仪中需要特别注意语言的文明,要尽可能使用规范的表达方式,以免对方误解。电话交谈对语音的要求更高,最基本的要求是口齿清晰,让对方能听清楚讲话的内容,语速可适当放慢,语气要热情有礼、亲切自然。

调整语气与情绪。在电话交谈过程中,一个人的语气、语调可以体现出细致微妙的情感。语调过高,语气过重,对方可能会把你归在冷酷无情的人群里,认为你尖酸、刻薄、狂妄自大;语调太轻,语气太低,给别人的感觉是无精打采、懒散拖拉、工作态度不端正。一般情况下,语气适中,语调高低以不影响别人办公为宜,同时还要让对方感受到你的真诚、自信与活力。

不要让不良情绪影响打电话的效果,打电话前应调整好情绪,切忌急躁、烦恼、不安,否则会影响对方的情绪,从而产生不舒服的感觉。

(3)控制打电话的时间。

职场中人,工作时间一般比较繁忙,给别人打电话时,一定要在最短的时间内表达你的主要目的,整个过程中要保持轻松、友善的态度,然后礼貌地结束。只要遵守这个原则,即使别人再忙也很乐意接听你的电话。

电话交谈所持续的时间以2~3分钟为宜。如果此次谈话需要的时间较长,应先征询对方的意见,确定对方是否方便接听你的电话,如果对方同意与你交谈再步入正题,倘若对方有很重要的事情要做,无暇与你长谈,还需另约时间。

(4)打电话时要注意环境因素。

嘈杂的环境不适合打电话。如果你与对方通话时,旁人的说笑声、吃东西声会传入话筒,影响倾听效果,这会令接电话者产生厌烦的感觉。

(5)结束谈话,致告别语。

电话交流结束以后,告别语一般由打电话一方提出来,电话交谈结束时可询问对方是否还有其他事宜,这既是对他人的一种尊重,也是一种友善的提醒。结束谈话时一般可由打电话一方提出。如对方是长辈、上级或女士,应在对方放下话筒后再挂断电话。

通过对电话礼仪的掌握程度,可以评价一个人工作能力的强弱,由此看来,要想做个出色的社交人,掌握电话礼仪是十分必要的。掌握了电话礼仪,不但可以扩大人际关系,塑造自身形象,获得别人的好感,还会为你的成功赢得机会。

8. 恰当地赠送礼品

馈赠即赠送礼品,它是人际交往之中的一种表达友情、敬重和感激的常用形式,其目的在于表达诚意,沟通感情和保持

社交与礼仪

联系。

赠送礼品,是人际交往中表情达意的重要形式,在社交活动中一贯遵从"礼尚往来"的习惯做法。恰当地赠送礼品,无疑可起到联络感情、增进友谊、促进交际成功的作用。

(1)送礼种类。

礼品不仅是一种礼节形式,也是人与人之间真诚相待,表达尊敬和友情的见证。怎样成功地赠送礼品,需要把握时机和场合。一般将赠礼分为以下几类。

①节日送礼。

人们在一些节日里相互探望、拜访,习惯上以赠送礼品来"略表寸心"。一般来说,我国的传统节日,春节、元旦、端午节、中秋节、重阳节等,西方的圣诞节、情人节、母亲节都是送礼的最佳时机。

②祝贺送礼。

对乔迁新居、婴儿出生、过生日、做大寿、筹办婚事等喜庆的日子,一般需以礼品相赠,表示庆贺。

③问候送礼。

指专去探望病人,以及去问候遇到困难或遭遇不幸者时,送以恰当的礼品可表示对对方的关心、问候和安慰。

④公务送礼。

社会企业、机关或组织的重大庆典活动,如开业、竣工、落成、组织诞生或成立以及公务拜访等活动,都应以所在组织的名义赠送礼品,表达对对方的尊重及友好的情意。

(2)赠礼原则。

赠送礼品应遵循一定的礼仪原则,如精心挑选礼品、讲求礼品包装、注重恰当的表达。

①精心挑选礼品。

选择礼品，应首先考虑接受礼品者的兴趣、爱好。所送的礼品应投其所好，才能达到赠送礼品的目的和效果。一般在挑选礼品时，可考虑礼品的实用性、纪念性、时尚性等因素，让受礼者既感到能满足其某种实际需要，具有一定实用价值，同时又有着特殊的纪念意义，能从所赠送的礼品中领会出送礼者的一番真情。

②讲究礼品包装。

精美的包装是礼品的重要组成部分。通过包装，可以显现送礼者的慎重态度和审美情趣。尤其是涉外交往中的赠礼，更要重视礼品的包装。在国外，礼品包装和礼物看得同等重要，有时包装的费用甚至比礼物本身还要贵。

在选择礼品的包装时，应注意美观和格调，同时应注意将写有价格的标签事先撕去。

③注重表达方式。

一般当面赠送礼品，赠送时可对礼品做一热情、简短的介绍，表明送礼的原因及态度，如赠送生日礼品，可向对方说声："祝你生日快乐!"再慎重地送上礼品。可用习惯客套语："微薄之礼，不成敬意。"但忌说"礼品不像样子，凑合吧""随意买的"一类的自贬话语，以免使对方产生误会。这类话语若是对外国人说，会被人认为是对对方的不尊重。

（3）送礼时机。

馈赠之前，要对礼品进行认真选择，第一件事就是考虑对方有什么爱好、兴趣和禁忌；其次要考虑送礼的原因和目的，尽量使礼品恰如其分；同时送礼不可太贵重，过于贵重的礼品易使对方产生不安，有行贿之嫌，总觉得背负你的"人情债"，就事与愿违了；最后还得注意礼品的包装。

下面针对不同受礼对象介绍有关礼品的选择：

①结婚礼物。

要注意待收到对方的请柬或通知后再携礼登门祝贺；礼品宜以家庭用品、床上用品、餐饮具或字画等工艺品为好，也可事先征求主人意见再选购；如果用金钱代替礼品，可在封套上写明"贺仪"等字以示庄重。

②生日礼物。

婴儿生日可送婴儿用品，如衣服、鞋帽或玩具、食品、生肖纪念章等，也可送产妇滋补营养品等。父母长辈生日做寿，可送寿联、寿糕或营养品、衣服布料等。夫妻生日可送鲜花、化妆品、饰物、领带等礼品。朋友生日可送贺卡、工艺品、学习用品、鲜花、影集等物件。

③节日礼物。

春节送礼盒，端午节送粽子，中秋节送月饼，情人节送玫瑰花，等等。

④病丧礼物。

探望生病的亲友，应携带一些适宜病人食用的食品，如滋补品；前往参加丧礼，可送花圈、**挽联**或"帛金"（即金钱），所送物品应以不留纪念的一次性易耗品（如烟、酒等）为原则。

⑤乔迁送礼。

乔迁之喜以送家庭装饰品，如字画、工艺品、收藏品等最佳。也可送家庭用品，如床上用品、茶具、炊具等，还可送花篮。

⑥公务活动送礼。

涉外公务活动送礼应遵循相关规定,如在对外交往中,严禁私下收受外国人送的贵重礼品。在允许送礼的范围内,一般选择有纪念意义的物品,如具有中国特色的工艺品——瓷器、玉器、景泰蓝等赠送对方。

国内开展的公务性交流、拜访活动,需要赠送礼物,也可考虑选择有特别意义和纪念价值的物品,如壁画匾额、雕塑、摆放的工艺品等。所送礼品应具有保存价值。

⑦回礼。

接受礼物时应眼睛注视对方,双手捧接,口头致谢,并表情欣喜,接过礼物后一般不应打开欣赏,尤其是包装礼品不仅不能当场撕开,也不能随手乱放。西方人有接受礼品后当场打开赞赏感谢的习惯,可入乡随俗。"礼尚往来",回赠的时间可以选在客人离开时、隔一段时间登门回访时或以后喜庆日子,不能受礼时即回礼。

第四章　有礼有"距"，
　　　如鱼得水玩转职场

　　一个人事业的成功与他的职场礼仪有一定的关系，在复杂多变的职场中，职业人不能不拘小节，无论是你是求职者还是面试者、无论你是上级还是下级，无论你是老板还是员工，职业人之间的交往都离不开礼仪。有了能力和礼仪这两样武器，相信你能在职场中游刃有余、得心应手。

第四章 有礼有"距",如鱼得水玩转职场

1. 求职面试礼仪

礼仪是敲开职场大门的法宝之一,面试时彬彬有礼,会给主考官留下良好的第一印象。每个求职者都清楚,第一印象的重要作用,它将决定着你未来的前途、命运。

在求职面试活动中,主考官首先是通过求职者的仪表来认识对方的。在最初的交往中,仪表往往比一个人的简历、介绍信、证明、文凭等书面材料的作用更直接,更能产生直觉的效果。主考官往往通过仪表来判断求职者的身份、学识、个性等,并形成一种特殊的心理定式和情绪定式,这种心理定式和情绪定式是非常重要的。因为一个人对另一个人的印象和观感,在初次见面时的短短几分钟内已经形成,这个印象无形中左右着主考官的判断。因此,求职者一定要注重求职时的外表形象。

面试时的着装礼仪

面试时的着装,对于面试者来说很重要,因此,应当穿着正式的服装。但对于应届毕业生来说,允许有一些学生气的装扮,即使是去知名企业面试,也可以穿休闲类套装。它相对正规套装来说,面料、鞋子、色彩的搭配自由度更高。但要注意的是,应聘时不宜佩戴太多的饰物,这不仅容易分散考官的注意力,还可能给考官留下不成熟的印象。

另外,面试时服装的选择应该与职位要求相匹配。应聘银行职员、公务员、文秘,应穿着正规的职业服装,显现出精明、干

社交与礼仪

练的气质；应聘公关、时尚杂志等休闲职业，则可以适当地在服装上加些流行元素，显示出自己对时尚信息的敏感度。仪表修饰最重要的是干净整洁，不要太标榜个性，除了应聘娱乐影视广告这类行业外，最好不要选择太过突出、奇异的穿着。

面试时的化妆礼仪

以现在的交际学来看，以一张不加修饰的脸孔见人是不尊重人的表现。尤其是面试时更应该注意。清新的淡妆会给人一种舒适、靓丽的感觉，而且还可以弱化个性、巧妙地遮盖不足之处，使装束自然而不露痕迹。女性可以用薄而透明的粉底营造健康的肤色，用浅色口红增加女性的自然美感，用棕色眉笔调整眉形，用睫毛膏让眼睛更加有神。男性可以用点清洁类的化妆品，给人干净、阳光的感觉。为了给面试官留下更好的印象，面试时的化妆还要注意以下几个问题：女性切忌浓妆艳抹；男性最好不要有夸张文身；在香水的使用上要格外谨慎，避免使用浓烈或者味道怪异的香水。

面试时的发型

要想达到整体形象的清新、靓丽，就要着眼于每一个细节。其中发型的修饰是最为关键的一环，它直接影响着整体形象的搭配效果。求职者不要有颜色夸张怪异的染发，男性忌长发、光头。发型要根据衣服正确搭配，并善于利用视觉错觉来改变脸形，如脸型过长的人，可留较长的前刘海，并且尽量使两侧头发蓬松，这样长脸看起来不太明显；脖颈过短的人，则可选择干净利落的短发来拉长脖子的视觉长度；脸型太圆或者太方的人，一般不适合留齐耳的发型，也不适合中分头路，应该适当增加头顶的发量，使额头部分显得饱满，在视觉上减弱下半部分脸型的宽度。另外，根据应聘的不同职业，发型也应有所差异，比如应聘空姐，盘发更加适宜；而艺术类工作对发型的要求更宽泛一些，适当染一点色彩或者男生留略长一点的头发也可以接受。但不管梳理什么发型，都应保持头发的清洁。

男士面试时应当注意的仪表问题

男士面试时应注意头发修整，如果稍嫌过长，应修剪一下。避免穿着过于老旧的西装，颜色以素净为佳。正式面试时，要穿长裤并熨烫笔挺。衬衫最好穿白色的，并尽量选择颜色明亮的领带。佩带领带时应尽可能别上领带夹，因为领带不平整会给人一种衣冠不整的感觉，会影响面试官对自己的印象。西装和皮鞋的颜色以保守为原则，面谈时最好避免穿着过分突异的颜色。如果面试者戴眼镜，则镜框的佩戴最好给人稳重、调和的感觉。

女士面试时应注意的仪表问题

女士面试时应穿着具有职业装扮的衣服，裙装套装是最合宜的装扮。裙装长度应在膝盖左右或以下，太短有失庄重。面谈时应穿高跟鞋，最好避免穿平底鞋。服装颜色以淡雅或同色系的搭配为宜，颜色勿过于花哨，形式亦不宜暴露。面试者的头发要梳理整齐，勿顶着一头蓬松乱发应试，这样显得很不礼貌。

2. 新进员工的职场礼仪

刚刚进入工作角色的人，一定要注意礼仪，才能让自己适应环境，给自己一个客观的定位。踏出校门，进入社会，来到新的

社交与礼仪

工作岗位,开始接触新的环境,面临新的挑战。适应这个新的环境,是每个新进者必须要正视的现实。

这种对新环境的适应包括两方面的内容:一是适应新的工作环境和工作任务;二是适应新的人际关系。前者是与"物"打交道,只要具备相应的专业知识就会逐渐适应;后者是与"人"这个特殊的对象打交道,其难易程度受多种因素的影响。但其中最为重要的因素之一,是新人的行为是否符合相关礼仪规范的要求。一般来说,新进人员应特别注意如下几个方面:

(1)察言观色,入乡随俗。

作为新人,初到一个新的环境,要少说多看,认真观察。通过观察、询问、了解这个新环境对你的"角色期待"是什么,了解新单位的组织文化和人际关系现状等。某种意义上少说更为重要,因为"言多语失",在没有看清情况之前的轻易表态既可能伤害他人,更容易伤害自己。

(2)正视现实,适应环境。

新人往往对于未来的事物抱有较高的期望,希望能够从此让自己的人生有很大的改变。心理实验表明,怀着强烈的成就欲的人,适应新环境的能力往往差于一般人。因为他们对自己要求高,自我评价高,对环境的要求也高。而现实往往和新人的理想存在一定的差距。所以,刚刚进入工作角色的人,一定要注意调整好心态,对自己有一个客观的定位,要让自己适应环境,而不要奢望环境适应自己,要勇于正视现实。

(3)切忌只与一两个同事打得火热。

初到一个单位,对这个单位复杂的人际关系还没有一个明确的判断,对同事也缺乏了解,如果贸然牵扯进某一个派系,糊里糊涂被当成了某种人或某一派系的人，则悔之晚矣。与新同事相处，彼此不熟识、不了解，关系刚刚形成，距离较大，你若生硬地去与人亲近，也有违交际规律，对方不仅不会作出友好表示，还可能产生反感情绪，这种适得其反的效果，会把你置于被动地位。保持适当的距离为明智的选择，这能给别人冷静地观察你、认识你的机会。

（4）勇敢认错。

人人都会犯错误，新人更不例外，重要的是你对自己的错误是个什么态度。如果你是因为业务不熟悉而犯错，除了承认之外，向你的部门领导或是前辈多多请教以免再犯是最好的办法。千万不要犯了错误还给自己找借口，那样人家就会怀疑你做人的原则了，勇敢认错远胜于辩解开脱。

（5）多做少说。

复印机没有纸了，悄悄地给加上；饮水机没水了，主动给送水公司打个电话；准备一块抹布，不要指望卫生都由清洁工来做；大家正忙的时候电话响了，赶快去接。多做一些这样的小事，并不会给自己增加太多的负担，但却利人利己。千万不要认为这样自己就吃亏了，这些不起眼的小事的积累正是他人对你形成良好印象的基础。

（6）不要过分积极。

新人初来乍到，都想给同事留下好印象，但"过犹不及"，做得过火也会给自己造成不必要的麻烦。自我表现也要适度，如果你过分的表现让其他同事感受到的不是便利而是压力，你不仅得不到同事热情的回报，甚至还会换来他人的白眼。

3. 同事之间相处的礼仪

同事间的相处是一种学问。与同事相处,太远了当然不好,人家会认为你不合群、孤僻、不易交往;太近了也不好,容易让别人说闲话,而且也容易令上司误解,认定你是在搞小圈子。与同事相处得如何,直接关系到自己的工作、事业的进步与发展。因此,掌握同事之间相处的礼仪是很重要的。

(1)互相尊重。

相互尊重是处理好任何一种人际关系的基础,同事关系也不例外,同事关系不同于亲友关系,它不是以亲情为纽带的社会关系,亲友之间一时的失礼,可以用亲情来弥补,而同事之间的关系是以工作为纽带的,一旦失礼,创伤难以愈合。所以,处理好同事之间的关系,最重要的是尊重对方。

(2)有好事要通报。

单位里发物品、领奖金等,你先知道了,或者已经领了,不要一声不响地坐在那里,应该向大家通报一下,有些东西可以代领的,也应帮人领一下。这样几次下来,别人就会对你有了更好的印象,觉得你有共同意识和协作精神。以后他们有事先知道了,或有东西先领了,也就会告诉你。

(3)热情的帮同事传话。

同事出差去了,或者临时出去一会儿,这时正好有人来找他,或者正好来电话找他,如果同事走时没告诉你,但你知道,

第四章 有礼有"距",如鱼得水玩转职场

你不妨告诉他们;如果你确实不知,那不妨问问别人,然后再告诉对方,以显示自己的热情。明明知道,而你却说不知道,一旦被人知晓,那彼此的关系就势必会受到影响。外人找同事,不管情况怎样,你都要真诚和热情,这样,即使没有起实际作用,外人也会觉得你们的同事关系很好。

(4)主动帮忙。

同事的困难,通常首先会选择亲朋帮助,但作为同事,应主动问讯。对力所能及的事应尽力帮忙,这样,会增进双方之间的感情,使关系更加融洽。

(5)外出要互相告知。

你有事要外出一会儿,或者请假不上班,虽然批准请假的是领导,但你最好要同办公室里的同事说一声。即使你临时出去半个小时,也要与同事打个招呼。这样,倘若领导或熟人来找,也可以让同事有个交代。互相告知,既是共同工作的需要,也是联络感情的需要,它表明双方互有的尊重与信任。

(6)接受同事的小吃。

同事带点水果、瓜子、糖之类的零食到办公室,休息时分吃,你就不要推,不要以为难为情而一概拒绝。人家热情分送,你却每每冷漠拒绝,时间一长,就会有理由说你清高和傲慢,觉得你难以相处。

(7)对每一个人都保持平衡。

同办公室有好几个人,你对每一个人要尽量保持平衡,尽量始终处于不即不离的状态,也就是说,不要对其中某一个特别亲近或特别疏远。在平时,不要老是和同一个人说悄悄话,进进出出也不要总是和一个人。否则,你们两个也许亲近了,但疏远的

可能更多。

4. 与上司相处的礼仪

职场人际关系中最重要的问题之一就是与上司相处。皮鲁克斯说:"一个人必须要精通与领导相处的策略,才能以最完善的方式通向成功之路,因为每个人都不是孤立的,都是处在一定的等级关系之中。"

任何一个单位和组织都有一个权力金字塔,如果你位于底层或中下层,如何与上司相处就是一个值得你认真思考的问题。解决好这个问题,不但可以有效地提高工作效率,有助于个人未来的发展,也有利于组织的整体协调和稳定。

讨论与上司的相处之道绝不是提倡请客送礼、溜须拍马,搞庸俗关系。与上司和谐相处的核心目的是在给自己营造一个良好工作环境的基础上,促进组织内部的和谐与团结。

下属在处理和上司的相互关系时应特别注意以下几点:

(1) 不要给上司不必要的压力。

人们选择工作的目的不同,但谋生是多数人考虑的基本问题之一,你的上司也不例外。你怕不受重视,怕得不到信任,甚至丢掉饭碗,你的上司也和你一样,只不过他所担心的问题与你不完全相同。对你而言,他是上司,但在他上面,还有一层上司,他又成了下属。作为上司,他要带领下属完成工作任务,而下属的表现有时也会给他带来压力;如果下属能力不够,他会担心工

第四章 有礼有"距",如鱼得水玩转职场

作做不好而影响他的业绩;如果下属能力太强,事事出众,他又会担心你动摇他的领导权威,影响他在组织中的形象,更怕你取而代之。这是普通人的正常心理。

每个人都有自己的心理防御系统和自卫空间,如果你侵犯了他人的领地,就会遭到反击。无论怎样,作为下属切忌目中无人,尤其当下属能力很强的时候,更应该留出一点空间,避免给上司不必要的心理压力。这是一种与上司相处的艺术,也是一种明智的生存手段。当下属能力确有不足时,要有紧迫感,努力通过学习提高个人素质,以胜任工作要求,减轻领导压力。

适时向自己的上司"请教"也是减轻上司心理压力的一种有效手段。即使你是某一领域的专家,也应尊重他的职位,和他讨论一些相关问题,请他提出意见。必要时可根据他的意见对原有计划做一定的调整。

(2)适时赞美你的上司。

现代管理思想认为组织中的每个人都需要激励。员工需要上司的夸奖,上司其实也需要下属的赞美,尤其是在上司的领导在场的情况下。下属的赞美,既表明了对上司能力的认可和服从,也是对上司的有效激励,可以让上司更加积极地投入工作。

(3)合理提出建议。

下属提建议时,要注意多从积极的角度考虑问题,要有理有据地阐述个人见解,要有民主意识,还要有民主素质;要懂得尊重他人的意见,尊重上司的意见。这样,上司才会承认你的才干。

对上司个人的工作提建议时,尽可能谨慎一些,必须仔细研究上司的特点,研究他喜欢用什么方式接受下属的意见。大大咧咧的上司可用玩笑建议法;严肃的上司可用书面建议法;自尊心

强的上司可用个别建议法，也可用寓建议于褒奖之中的方法，都会有理想的效果。

（4）上司也需要下属的关爱。

在关键时刻，上司才会真切地认识与了解下属。人生难得机遇，不要错过表现自己的机会。当某项工作陷入困境之时，你若能大显身手，定会让上司格外器重你。当上司本人在思想、感情或生活上出现矛盾时，你若能妙语劝慰，也会令其格外感激。此时，切忌无动于衷、漠然处之。

（5）不要过于计较个人得失。

下属喋喋不休地向上司提出物质利益要求，超过了上司的心理承受能力，他会觉得压抑、烦躁。即使利益得到了满足，上司做出了让步，但他并不会感到愉快。"世间自有公道，付出就会有回报"，即使上司一时没有给予与付出相应的合理回报，也不宜表现得过于计较。

（6）与上司交谈时，不可锋芒毕露。

你的聪明才智需要得到上司的赏识，但在上司面前故意显示自己，则不免有做作之嫌。上司会因此而认为你是一个狂妄自大、恃才傲物的人，而在心理上拉大与你之间的距离，妨碍你未来的发展。

5. 领导要尊重下属

领导者需要掌握与下属相处的礼仪规范，只有树立起领导的好形象才能与员工共谋大业。当前,许多企业负责人将领导与员工之间的关系归纳为雇佣与被雇佣的关系,这种想法直接影响领导对待员工的态度。有些具备这种思想的领导,对员工颐指气使、大呼小叫,一副你拿我的钱就要为我效命的气势。殊不知,这种做法严重地伤害了员工的自尊心,也破坏了领导者在员工心目中的形象。

为了避免这种情况的发生,领导者需要掌握与下属相处的礼仪规范,只有与员工友好往来,才能共谋企业发展。

在职场中,领导者应注重与下属相处的礼仪:

与下属平等地相处

掌握好平等地与下属相处之方法,也就掌握了公司快速成长的捷径。上司是公司的领导核心,是权力的拥有者,在有些场合,出于工作需要,确实可以强调自己的身份、地位,以利于充分发挥权力的职能作用。但是,作为上司,千万不能因为自己拥有一定的权力就处处高人一等,处处以严肃的面孔出现,给人以居高临下的感觉,这样你的下属就会觉得你面目可憎,从而不愿接近你,你也就难以与下属建立融洽的上下级关系。

讲究批评的艺术

批评是让人改正错误的方式,但是批评也要讲究艺术。恰当的批评会对对方敲响警钟,改正错误。反之,则会适得其反,弄巧成拙。在工作中,员工避免不了会犯错误,因此领导要想纠正错误、批评员工一定要注意场合,最好是在没有第三者在场的情况下进行,否则,再温和的批评也有可能会刺激受批评人的自尊,因为他会觉得在同事面前丢了面子。他或许以为你是有意让他出丑,或许认为你这个人不讲情面,不讲方法,没有涵养,甚

社交与礼仪

至在心里责怨你动机不善。因为批评人不注意场合，带来这么多的副作用，受批评者心生怨恨，批评人、改变人的目的就很难达到。

鼓励下属

老板是整个公司的核心，因此必须具有别人所不及的洞察力，懂得适时地鼓励你的员工，这才是一个成功老板的明智之举。如果你的下属工作勤恳，十分卖力，长期默默地为你工作，使你的公司蒸蒸日上；如果你的下属经常给你提出一些合理化建议，使你深受启发；如果你的下属具有良好的表现、给公司带来收益、为公司做出贡献，那么你作为领导，千万不要吝啬自己的腰包，要不失时机地给一点奖励。这会让所有的员工都感觉到，领导的眼睛是雪亮的，认为自己的努力不会白费，多流出一滴汗水就会多一分收获。

关心下属

作为领导不仅要在工作上给予下属帮助，还要在生活上给予关心、照顾。对一些在工作上认真努力，而家庭贫困的下属，领导应当主动到家里慰问，表达自己的关心，同时给予下属适当的帮助，减轻下属的负担。这样，下属也会竭尽全力地为公司工作。

肯定下属的成绩

身为一位管理者，最重要的工作之一，就是成为一个为下属喝彩的领导人。这个意思是说，一个管理者必须是第一个注意下属优秀表现的人，并且称赞他们。在公司里，无论他们是管理人员也好，还是普通工作人员也好，都希望自己的工作能被肯定。谁也不愿意自己辛辛苦苦地干了半天，却得不到领导的一点肯定。假如一个员工老是得不到肯定的话,那么他今后肯定会失去对工作的兴趣,失去工作的主动性。领导如果了解了人的这一心态的话,可以随时给员工必要的鼓励,达到激励士气、鼓舞人心的效果。

与员工分享利益

利益与员工分享,这是市场经济条件下企业利益的可取的分配原则,是对员工劳动价值的承认,让员工共享企业的发展成果,也是现代企业管理的重要意义。关心、爱护员工,尊重、理解员工,努力营造企业的良好环境,把每个员工都当作家庭一员对待,营造家的温馨,才能形成亲和力和向心力。反之,只顾企业利益,只顾自己多获利,只愿员工拼命多干活,却不让员工分享利益,那么这样的企业的发展是不会有什么前景的。

尊崇有才干的下属

领导不可能在各方面都表现得出类拔萃,而下属在某些方面也必然会有某些过人之处。作为领导,对下属的长处应及时地给以肯定和赞扬。如接待客人时,将本单位的业务骨干介绍给客人;在一些集体活动中,有意地突出一下某位有才能的下属的地位;节日期间到为单位做出重大贡献的下属家里走访慰问等,都是尊重下属的表现。这样做,可以进一步激发下属的工作积极性,更好地发挥他们的才干。相反,如果领导嫉贤妒能,压制人才,就会造成领导和下属的关系紧张,不利于工作的顺利开展。

培养领导的人格魅力

作为领导,除了拥有权力外,还应有自己的人格魅力。如良好的形象、丰富的知识、优秀的口才、平易近人的作风等,这些都是与领导的权力没有必须联系的自然影响力,但这种自然的影响力会拉近领导与员工的距离。

6. 工作会议礼仪

所谓工作会议,是指工作单位的领导人,将员工组织起来,就某些专门问题进行研究、讨论,必要时做出决定的一种活动形式。不论企业单位还是事业单位,召开工作会议都是十分平常的事。因此,要求工作人员必须掌握会议的相关礼仪。

按照会议进行的先后顺序可以将会议礼仪分为:会前礼仪、会议期间的礼仪,会议结束后的礼仪。

(1)会前礼仪。

无论何种会议,会前准备工作都很重要,一般包括如下几个方面:

①拟定工作会议主题。

在举行工作会议前,有关领导必须先确定好会议主题,包括会议名称。主题确定后,负责筹备会议的工作人员,则应围绕会议主题,策划会议的规模、时间、议程等事项,并注意分工要明确,将任务具体分配到个人身上。

②拟发通知。

会议举行之前,要提前通知各参会者,如果需要邀请兄弟单位的相关领导或嘉宾,还需以正规的形式向其发出邀请函,并派专人送达。

拟发会议通知时应注意以下两个方面:

第四章 有礼有"距",如鱼得水玩转职场

① 通知内容具体、详细。工作会议通知内容一般包括标题、主题、会议时间、出席对象、报到时间、报到地点等七个要点。拟写通知时,应保证其完整性和规范性。

第二,把握好送达时间。会议通知拟好以后,需及时通知参会者,不得拖延时间,以免出现缺席现象。

③准备好文件材料。

会议文件材料应该在会议举行前准备好,单位相关领导人对文件材料的拟定应仔细斟酌。主要包括会议的议程、开幕词、闭幕词、主题报告、大会决议、典型材料、背景介绍等。需要在会前下发的文件,应及时发放给参会者。

④常规性准备。

工作会议召开之前,具体细节问题不能忽视,如布置会场、会议用品的采购等。

① 布置会场。选择好会议召开的场地,将会议所需的桌椅摆放整齐;所需用品,如空调、录音、通风设备、摄像机等准备齐全。注意会议所需用品需要提前调试好,以免会议召开后出现麻烦。

第二,采购会议用品。会议召开期间少不了笔、墨、纸张、文件夹、名片、饮料、声像用具等,这些会议必需品在召开前都应该准备齐全。

(2)会议期间的礼仪规范。

负责会议具体工作的相关人员,在会议召开期间要做好下列工作:

①迎宾。

如果单位召开的会议比较正规,在举行期间,需要安排迎宾

人员，在会场内外负责迎送，引导，陪同参会人员。重点照顾单位邀请的贵宾及老、弱、病、残、孕者。对参会人员的要求，要尽可能地满足，力求有求必应。

②签到。

目前公司签到的方式一般有三种情况：一是签名报到，二是刷卡报到，三是交卷报到。会议召开期间，负责此项工作的工作人员，应做好本职工作，并及时向有关领导汇报。以便掌握到会人数，维护会场纪律。

③安排饮食。

如果会议历时较长，会议中间应为参会者准备好工作餐，同时，提供卫生可口的饮料。饮料选择以便捷、卫生为主，最好不要选择频频续水的饮料。对于外地来宾，还应为其准备好住宿的地方，一般选在交通方便、清静、整洁的位置。

④做好会议记录。

正规的工作会议，需要有专门负责记录会议内容的工作人员，记录方式有笔录、打印、录音、录像等。

会议记录的内容一般包括会议名称、出席人数、时间地点、发言内容、讨论事项、临时动议、所做出的决定。记录时力求做到条理清楚、整齐、准确。

（3）会议结束后的礼仪。

做任何事情都不能虎头蛇尾，要做到有始有终，会议结束后同样要遵守礼仪规范，认真有礼地做好后续性工作，使会议获得圆满成功。

会议结束后的礼仪大致分为以下几个方面：

①将会议上所做出的决定以文件形式下发。

一般情况下，工作会议结束以后，会上对某些问题做出的决定需要及时下发到个人，这就要求负责该项工作的工作人员，有较高的工作效率。

②整理会议材料。

会议中所做出的决定并不是每一件都可以下发到基层工作人员手中的，还有一些保密性的文件，这就要求工作人员及时将会议材料整理出来，该下发的准时下发，该保密的文件整理好以后交到有关负责人手中。值得注意的是：相关保密材料如图文、声像材料一定要谨慎处理，如数上交。

③预订返程票。

会议结束后，主办单位应尽地主之谊，为外地参会者定购返程车、船、机票，并安排工作人员、车辆将其送往车站、机场、码头。对于来宾的行李，工作人员应主动负责托运。

在工作会议中，讲究礼仪规范的好处很多：一方面强化单位整体形象，一方面提高个人文化修养，一方面规范会场纪律，可谓一举多得。

7. 职场形象靠礼仪

在职场中，以一个良好的形象面对同事，不但可以突出自身品位与修养，还可以增加个人魅力，获得良好的人缘。这一切的建立都离不开礼仪。

社交与礼仪

（1）要树立高雅、端庄的个人形象。

如果单位要求统一着装，那么无论男女，上班时间应尽量穿着工作服。如果没有统一服装，在办公室上班宜选较为保守的服装，男士以西装为主，女士着装要美观大方，不要过于夺目和暴露，也不要浓妆艳抹，可化职业淡妆。上班期间把自己打扮得分外妖娆、魅力四射的女性会产生负效应，对自己不利。男士穿西装要打领带，夏天时要注意不能穿拖鞋、短裤、背心，甚至赤膊上阵出现在办公室。休闲装、运动装、旅游鞋适合于郊游、室外活动，不适宜于办公室。

（2）遵章守纪，注意小节。

从事公务的人员必须严格遵守上、下班时间。迟到、早退既为纪律所禁止也会影响个人形象和单位的正常工作，必须予以杜绝。上班时间就是开始工作的时间。从进门到坐到自己的座位上，至少需要几分钟时间，因此，应比单位要求的上班时间稍早一些到达，以免在正式开始工作时影响到他人。

下班之前，应将办公桌上的文具和文件等摆放整齐，将椅子放回原位方可离开。最后，离开办公室的员工，还要记得关掉所有电器开关，关好门窗，一切安排妥当之后，方可离开。

即便是非常要好的同事也应注意，未经允许不要随意翻动他人的物品；对于同事的帮助要心怀感激并记得以合适的方式表示感谢；为了联络感情，当同事家中有诸如婚丧嫁娶之类的人事时，一定要亲自前往，表示祝贺或慰问。如果在同事生日那天能够接到你富有特色的祝福，他一定会铭记在心。

（3）不谈论私人话题。

公务人员在办公场合不要随意谈论涉及自己或他人的隐私话

题。尊重他人的隐私即是公务人员的基本职业道德，是对现代人的基本要求。如有他人正在谈论此类话题，可以假装没有听到。切不可随声附和，也不必当面制止。

（4）勇于承担责任。

工作中出现一些差错是难以避免的，此时，不要诿过于人，要勇敢地站出来承担起自己应负的责任。一个勇于承担责任的人才可以胜任重要工作任务的人。这也是公务人员的一项基本礼仪。当然，代人受过也是不必要的。

（5）使用礼貌用语。

不要因为在同一单位相处久了，跟同事都已很熟悉了，就忘记和忽略一些基本的礼貌问题。上班见面、下班离开之前的招呼都是必不可少的；礼貌用语的使用也要讲究分寸。过分的客气可能使双方的关系显得疏远，要特别注意，避免过犹不及。

（6）多使用谦称。

谦虚的态度最容易被他人接受，对自己公司可以用"敝公司""本公司""本店"或"我们"做谦称。

称呼公司同事可以将职务挂上，如："张经理""李科长""王秘书""赵主任"等。无论在什么场合内，多使用一些谦称对自己没有任何坏处。要知道，谦称是人际交往中最受欢迎的一种称呼。

值得注意的是，一定不要将职务搞错，如果你是刚刚加入公司的新员工，对某些同事的称呼不是很了解，不妨请教资历较深的老同事，平时遇有人事变动，同事和上级的头衔可能会更改，对此也要留心。

第五章　商务应酬，
卓越人士的礼仪之窗

　　在商务活动中，礼仪是人们交流感情、建立友谊和开展各种活动的桥梁和纽带。懂得商务礼仪规范，了解并遵守一定的商务礼仪，不仅有助于树立良好的形象，而且有利于在商务活动中赢得对方的尊重和信任。

第五章　商务应酬，卓越人士的礼仪之窗

1. 商务接待礼仪

热情、礼貌、周到的接待，不仅体现接待者个人的素养，也能为本组织赢得良好的声誉。因此掌握一些接待礼仪在商务活动中也是非常重要的。

接待，是现代社会中常见的交往形式，古人言："有朋自远方来，不亦乐乎。"礼貌待客是中华民族的传统美德。随着社会的发展进步，商务礼仪的重要性被展现得淋漓尽致。而接待礼仪就是其中的一种，它将成为决定商务活动成败的因素之一。

随着经济的快速发展，商务往来也逐渐加快了频率。于是，商务接待工作与商务交往范围便形成了正比，商务交往范围越大，商务接待工作显得越重要。虽然所接待的对象不同，但接待的礼仪却大同小异。

商务接待分为两个阶段，每个阶段都有不同的礼仪要求：

（1）迎送的礼节。

对应邀前来的谈判者，在他们抵达时，均应安排相应身份人员前往迎送。迎送的具体内容包括：

①确定迎送规格。

主要依据前来谈判人员的身份与目的，适当考虑双方关系。己方主要迎送人的身份和地位通常都应与他方主谈人对等，业务也应对口，一般以己方主谈人为宜。己方当事人因故不能前往，应由己方职位相当人士和当事人之副职助手出面。无论如何替

社交与礼仪

代，均应向对方做出详尽解释。迎送人员应比对方抵达人员略少，为己方谈判班子的主要成员。若有发展双方关系或其他方面之需要，亦可破格迎送，安排较大的场面，出场更高身份的己方领导等。

准确掌握对方谈判班子乘坐的交通工具及其抵达时间，及早做好迎送车辆的准备。送行，己方人员可与对方人员同车而往；迎接，则应在对方乘坐的交通工具抵达之前到达迎接地点。迎送地点一般均为对方所乘的交通工具的停泊之地即车站、码头、机场。特殊情况下迎接时，亦可先派一般工作人员前往迎人，然后在己方场所或客方下榻之地专门举行迎接仪式。

②介绍。

通常先将前来迎送的人员介绍给来客，介绍的顺序一般为先介绍职务高的，然后依次介绍职务较低的。若介绍者自己为在场人员中职务最高者，应将自己放在最后介绍。亦可先介绍年长者与女性，然后依次介绍较年轻者与男性。互相介绍过程中，主动的一方如条件具备，应同时赠予对方自己的名片。赠予名片时，应持恭敬态度，双手递与对方，双手高度介于腰胸之间为宜。接受对方所赠名片，亦应持恭敬态度，双手接过，并仔细观看后，慎重地放入自己的衣服口袋或名片盒内。客人初来乍到，较为拘谨，主人应主动招呼和关心客人，为谈判奠定良好的情感基础。

③陪车。

应请客人坐在主人的右侧，并主动为客人打开其乘坐一侧的车门，如有译员，可坐在司机旁边。在特殊情况下，若己方负责人亲自开车，可邀对方负责人坐在自己身旁。

第五章 商务应酬，卓越人士的礼仪之窗

④食宿安排。

迎接客人之后，应将其直接送至下榻处。在客方住宿落实后，应陪同客人进入其房间，检查一下客房设施是否完备，对客人起居有无不便，并主动征询客人的意见。若无须更换房间，则稍坐即应告辞。客人旅途疲劳加之准备谈判，应让其安静独处，休息思考。一般而论，在客人抵达当天，应为其设便宴接风。迎送人员在告辞时，应将接风之便宴时间安排告知客人，请其届时在客房内侍我方人员前往引导，亦可委托其下榻处公关人员、服务人员前往引导。

迎接为谈判礼节的序幕，事关谈判氛围之情状。利益对抗较剧烈的双方，可能因为迎接之周到得当，为谈判准备好恰当氛围及情感基础，会化解双方矛盾，促进谈判的成功。利益较为协调的双方，也完全可能因迎接不热情、不得当，致使双方情绪对立，谈判氛围恶化，使谈判无功而返。英美俗谚"第一次印象也就是最后的印象"，说的正是这个道理。迎接安排热情周到，就完全可以制造出关于谈判的良好"第一印象"。欢送则为谈判礼节的闭幕，关系到双方的信任、信用、协议的贯彻维护、继续合作与继续谈判等，亦是为之奠定感情基础的环节，所以万万不可认为谈判已结束或中断，便随随便便应付。迎送均应善始善终，不可虎头蛇尾。

（2）会务活动的礼节。

谈判的会务活动指谈判期间安排的非会谈性活动，如参观游览、观看文艺演出、联谊娱乐、宴请等。因双方仍以组织身份集体参加，所以应纳入谈判的正式活动，它在实质上是具体会谈的延伸与补充。安排会务活动，一为调剂双方谈判人员的脑力、体

力,使其得以休息解除疲劳;二为联络双方感情,为谈判的深入及顺利发展进一步准备条件。谈判告一段落或取得成果,也要安排一定的会务活动巩固关系或加以庆贺,其礼节要求包括:

①参观游览、观看文艺演出、联谊娱乐活动等

己方谈判人员应尽量全体陪同,若负责人或主要人员因故不能参加,应做出解释。参观游览时己方应有1~2人在前引导,其余人杂散于客方人员中陪同,己方人员还应向客方人员做介绍、讲解,活跃参观游览的气氛;联谊娱乐活动应组织周密,开场后,己方人员应致简短欢迎辞。

②宴请

一个谈判周期,宴请一般安排3~4次为宜:接风、告别各一次,中间视谈判周期而定1~2次。宴请时使用请柬或口头邀请均可。席位安排按国际惯例,主桌一般应安排在最里边,离致辞处最近。男女应掺插安排,主宾应安排在主人的右上方,以示尊重;同时准备致辞,接风便宴致辞可临场即兴发挥,其余的应针对不同情况作一定的专门准备,特别是告别或答谢宴会致辞,致辞不应提及具体谈判内容及问题,应强调合作,渲染气氛。

2. 商务拜访礼节

在商务交往过程中,相互拜访是经常的事,约好去拜访对方,无论是有求于人还是人求于己,都要从礼节上多多注意,才能不有损自己和单位的形象,从而为拜访增添色彩。

第五章 商务应酬，卓越人士的礼仪之窗

拜访的准备礼仪

（1）预约。

最基本的礼仪是在拜访之前提前预约。通常情况下，应提前三天给被访者打电话，简单说明拜访的原因和目的，确定拜访时间，经对方同意以后才能前往。拜访必须明确目的，出发前对此次拜访要解决的问题应做到心中有数。

（2）仪容仪表。

拜访者的仪容仪表，对拜访效果有直接影响。一般情况下，登门拜访时，女士应着深色套裙、中跟浅口深色皮鞋配肉色丝袜；男士最好选择深色西装配素雅的领带，外加黑色皮鞋、深色袜子。

（3）准备礼物。

礼物可以联络双方感情，缓和紧张气氛。所以在礼物的选择上要慎重。要有针对性地选择礼物，尽量让对方满意。

拜访中的礼仪

（1）守时践约。

拜访他人可早到却不能迟到，这是拜访活动中最基本的礼仪之一。值得注意的是，如果因故不能如期赴约，必须提前通知对方，以便被拜访者重新安排工作。通知时一定要说明失约的原因，态度诚恳地请对方原谅，必要时还需约定好下次拜访的日期、时间。

（2）要进行通报。

进行拜访时，倘若抵达约定的地点之后，未与拜访对象直接见面，或是对方没有派员在此迎候，则在进入对方的办公室或私人居所的正门之前，有必要先向对方进行一下通报。

（3）要登门有礼。

拜访时，应先轻轻敲门或按门铃，当有人应声允许进入或出来迎接时方可入内。敲门不宜太重或太急，一般轻敲两三下即可。切不可不打招呼擅自闯入，即使门开着，也要敲门或以其他方式告知主人有客来访。

（4）进门后的礼仪。

进门后，拜访者随身带来的外套、雨具等物品应搁放到主人指定的地方，不可任意乱放。对室内的人，无论认识与否，都应主动打招呼。如果你带孩子或其他人来，要介绍给主人，并教孩子如何称呼。主人端上茶来，应从座位上欠身，双手捧接，并表示感谢。吸烟者应在主人敬烟或征得主人同意后，方可吸烟。和主人交谈时，应注意掌握时间。有要事必须与主人商量或向对方请教时，应尽快表明来意，不要东拉西扯，浪费时间。见面后，打招呼是必不可少的。如果双方是初次见面，拜访者必须主动向对方致意，简单地做自我介绍，然后热情大方地与被拜访者行握手之礼。如果双方已经不是初次见面了，主动问好致意也是必要的，这样可显示出你的诚意。

（5）拜访时间的控制。

在拜访他人时，一定要把握好在对方的办公室或私人居所里进行停留的时间。从总体上讲，应当具有良好的时间观念。不要因为自己停留的时间过长，从而打乱对方的既定的其他日程。在一般情况下，礼节性的拜访，尤其是初次登门拜访，应控制在一刻钟至半小时之内。最长的拜访，通常也不宜超过两个小时。有些重要的拜访，往往需由宾主双方提前议定拜访的时间和长度。在这种情况下，务必要严守约定，绝不单方面延长拜访时间。自己提出告辞时，虽主人表示挽留，仍须执意离去，但要向对方道谢，并请主人留步，不必远送。在拜访期间，若遇到其他重要的客人来访，或主人一方表现出厌客之意，应当机立断，知趣地告退。

3. 谈判中的礼仪不可少

谈判又叫作会谈，指从事商务活动的人，因为工作需要，进行有组织、有准备的协商活动，就某些问题达成一致，实现各自利益。在任何谈判中，礼仪都是必不可少的，它不仅体现出一个人的素质、涵养，还有利于激发与谈判对手之间的感情。促使谈判迅速、顺利进行。

谈判的准备

（1）个人形象的礼仪。

参与正式的商务谈判时，与会人员一定要注重外在形象，把整洁、得体、端庄的外表展现在众人面前。男士着装一律以深色西装、白色衬衫、素色或条纹领带、深色袜子、黑色皮鞋为主。女士着装应本着高雅、规范的原则，切勿过于暴露、时尚、摩登。以穿深色套裙、白衬衫、肉色长筒或连裤式丝袜、黑色浅口高跟鞋为主。适当的化些淡妆，披头散发是女性出席谈判场合的大忌，应将头发梳理整齐。

（2）言谈举止的礼仪。

谈判之初，谈判双方接触的第一印象十分重要，言谈举止要尽可能营造出友好、轻松的良好谈判气氛。做自我介绍时要自然大方,不可露傲慢之意。被介绍到的人应起立并微笑示意。询问对方要客气,如有名片,要双手接递。介绍完毕,可选择双方共同感兴趣的话题进行交谈。稍做寒暄,以沟通感情,创造温和气氛。

谈判之初的姿态动作也对谈判气氛起着重大作用,目光注视对方时,应停留于对方双眼至前额的三角区域正方,切忌双臂在胸前交叉。谈判之初的重要任务是摸清对方的底细,因此要认真听对方谈话,细心观察对方举止表情,并适当给予回应,这样既可了解对方意图,又可表现出尊重与礼貌。

(3)谈判地点的选择。

按照谈判地点的不同可分为四类:

①主体谈判。将谈判地点安排在主体方,可以使东道主拥有较大的主动性。

②客体谈判。将谈判地点安排在客体所在单位,这样可以使客体具备了一定的优越性,掌握了谈判的主动权。

③地点既不安排在主体方也不设在客体方,这样可以避免了外界因素干扰。

④将谈判地点主客互换,这种谈判对双方都比较公正。

(4)谈判座次的摆放。

①双方进行谈判的座位摆放。如果谈判桌的摆放采取横放制,主方人员应面对门而坐,客方应背对门而就座。双方主谈判者可居中就座,其他人员按照职位、级别,以先右后左的顺序分别在各自方就座。双方主谈者的右侧之位,在国内谈判中可坐副手,而在涉外谈判中则可视为译员的专座。竖放制。如果谈判桌

的摆放采取竖放制,具体排位时以进门的方向为准,客体方应在左侧方就座,而主体方选择右侧方就座。双方主谈判和其他人员的具体座次安排与谈判桌横放制相仿。

②多方同时进行谈判的座位摆放。多方同时进行谈判时,各方谈判人士可自由就座或设立一个主席台。主席台应设立在面对正门的位置,是专门为各方发言人讲话时准备的。其他人员一律面对主席台就座。各方人士发言后应自动离开主席台。

谈判的原则

商界人士在准备商务谈判时,应当遵守以下原则:

客观原则。指商界人士在准备商务谈判时,要掌握资料和决策态度。

预审原则。指商界人士在准备谈判时,应当将自己的谈判方案预先反复审核,并将自己提出的方案上交有关人员进行审核,使方案更加完善。

自主原则。指商界人士在准备谈判时以及在洽谈进行中,发挥自己的主观能动性,在谈判中为自己争取到有利的位置。

兼顾原则。指商界人士在准备谈判时,在不损害自己根本利益的前提下,主动为对方保留一定的利益。

谈判过程中的礼仪

商务谈判是促进经济发展的一种活动,所以方方面面都受礼仪的束缚,也唯有礼仪能促使企业形象提升。因此,尊重谈判礼仪也是对企业发展负责。

在商务洽谈进程中,应始终如一地与洽谈对手以礼相待,事事表现出真诚的敬意。坚持平等协商,没有高低、贵贱之分,双方应相互尊重不允许仗势压人、以大欺小。如果在谈判的开始有关各方在地位上便不平等，那么是很难达成让各方心悦诚服的协议的。同时，要求洽谈各方在洽谈中要通过协商，即相互商量，求得谅解，而不是通过强制、欺骗来达成一致。要明确双方之间的关系，要做到人与事分别而论，谈判桌上是对手，谈判桌外是朋友。

在谈判过程中，要将"礼仪"摆在首位。在任何情况下，都应本着心平气和、彬彬有礼、互敬互爱的原则与谈判对手和平相处。即使产生利害冲突，也要时刻保持绅士风度。最好是站在对方立场上考虑问题，这样对出现双赢的局面有很大帮助。

4. 不可小视茶话会

茶话会是社交色彩很浓的一种社交性集会，举办茶话会主要是为了与社会各界沟通信息，创造良好的外部环境，因此，在所有的商务性会议中不可小视。

茶话会准备的礼仪

（1）确定茶话会的中心议题。

在一般情况下，可以分为以下几类：

①专题茶话会。指在某一特定的时刻，或为了某些专门的问题而召开的茶话会。

②联谊茶话会。指为了联络主办单位同应邀与会的社会各界人士的友谊而举办的茶话会。

③娱乐茶话会。指在茶话会上安排一些文娱节目或文娱活

动,增加热烈而喜庆的气氛,调动与会者人人参与的积极性。并且以此作为茶话会的主要内容。

(2)确定与会者。

茶话会的与会者,除主办单位的会务人员外,均为来宾。邀请哪些方面的人士参加茶话会,往往与其主题存在着直接的因果关系。因此,主办单位在筹办茶话会时,必须围绕其主题,来确定与会人员,尤其是确定好主要的与会者。在一般情况下,茶话会的主要与会者,大体上可分为五种情况:本单位的顾问、本单位代表、合作的伙伴、社会的贤达、各方面人士。

(3)确定茶话会的时间。

根据国际惯例,举行茶话会的最为合适的时间是下午4点钟左右。有些时候,也可将其安排在上午10点钟左右。对于一次茶话会到底举行多久的问题,可由主持人在会上随机应变,灵活掌握。在一般情况下,一次成功的茶话会,大都讲究适可而止。若是将其限定在一个小时至两个小时之内,效果会更好一些。

(4)确定茶话会的地点。

按照惯例,适宜举行茶话会的大致场地主要有以下几种:

①主办单位的会议厅。

②主办单位负责人的私家客厅。

③主办单位负责人的私家庭院或露天花园。

④宾馆的多功能厅。

⑤高档的营业性茶楼或茶室。

(5)茶话会座次的安排。

安排茶话会与会者具体的座次,可参照以下方法:

环绕式。就是不设立主席台,把座椅、沙发、茶几摆放在会场的四周，不明确座次的具体尊卑，而听任与会者在入场后自由就座。这一安排座次的方式，与茶话会的主题最相符，也最流行。

散座式。散座式排位，常见于在室外举行的茶话会。它的座椅、沙发、茶几四处自由地组合，甚至可由与会者根据个人要求而随意安置。这样就容易创造出一种宽松、惬意的社交环境。

圆桌式。圆桌式排位，指的是在会场上摆放圆桌，请与会者在周围自由就座。圆桌式排位又分下面两种形式：一是适合人数较少的，仅在会场中央安放一张大型的椭圆形会议桌，而请全体与会者在周围就座。二是在会场上安放数张圆桌，请与会者自由组合。

主席式。在茶话会上，这种排位是指在会场上，主持人、主人和主宾被有意识地安排在一起就座，并且按照常规就座。

另外，茶话会的会场布置要尽量雅致一些，应设颜色淡雅、品质高贵的花，让来宾感到清新、雅致。

（6）预备茶点。

商务礼仪规定，在茶话会上，不必上主食，不安排品酒，只向与会者提供一些茶点。

茶话会议程的礼仪

在宣布会议正式开始之前，主持人应当提请与会者各就各位，并且保持安静。而在会议正式宣布开始之后，主持人还可对主要的与会者略加介绍。其中，主办单位负责人的讲话是很重要的一个环节。因此主办单位主要负责人的讲话，应以阐明此次茶话会的主题为中心内容。为了确保与会者在发言中直言不讳、畅所欲言，通常，主办单位事先均不对发言者进行指定与排序，也不限制发言的具体时间,而是提倡与会者自由地进行即兴式的发言。在茶话会结束之前,主持人可略做总结。随后,即可宣布茶话会至此结束并散会。

茶话会现场发言的礼仪

茶话会上,主持人应在现场上审时度势,因势利导地引导与会者的发言,并且控制会议的全局。现场发言在茶话会上举足轻重。茶话会假如没有人踊跃发言,或者是与会者的发言严重脱题,都会导致茶话会的最终失败。当大家争相发言时,主持人决定先后。当没有人发言时,主持人引出新的话题;或者恳请某位人士发言。会场发生争执时,主持人要出面劝阻。在每位与会者发言前,主持人可以对发言者略做介绍。发言的前后,主持人要带头鼓掌致意。

茶话会与会者的发言以及表现必须得体。在要求发言时,可以举手示意,但也要注意谦让,不要争抢。不管自己有什么高见,都不要打断别人的发言。肯定成绩时,要力戒阿谀奉承;提出批评时,不能讽刺挖苦。切忌当场表示不满,甚至私下里进行人身攻击。

5. 交接仪式礼仪

交接仪式,就是指在商务往来中用以庆贺商务伙伴之间合作成功而举行的,是一种热烈而隆重的活动形式。举行交接仪式有着重要的意义,它既是商务伙伴们对于所进行过的成功合作的庆

社交与礼仪

祝,并对给予过自己支持、帮助和理解的社会各界的答谢,又是接收单位与施工、安装单位巧妙地利用时机,为双方各自提高知名度和美誉度而进行的一种公共宣传活动。

交接仪式准备的礼仪

(1)邀约来宾的礼仪。

来宾的邀约,一般应由交接仪式的施工、安装单位一方负责。在具体拟定来宾名单时,施工、安装单位也应主动征求接收单位的意见。但合作伙伴对于施工、安装单位所草拟的名单不要过于挑剔,不过可以根据自己的实际情况提出一些合理化的意见。在通常情况下,参加交接仪式的来宾人数应越多越好。如果来宾太少,会场的气氛会显得过于冷清。但是,值得注意的是,确定参加者的总人数时,应该考虑到场地的条件和本身的接待能力。

当邀请上级主管部门、当地政府、行业组织的有关人员参加仪式时,切记不要勉强对方,以努力争取为原则,并持着诚恳的态度。因为利用举行交接仪式这一机会,可以使施工单位、安装单位、接收单位与上级主管部门、当地政府、行业组织进行多方接触,这样既可以宣传自己的工作成绩,又有助于有关各方之间进一步地相互沟通和理解,从而为自己创造更多的机会。

(2)交接仪式的现场布置。

应视交接仪式的重要程度,对举行交接仪式的现场进行布置。举行仪式的主要因素由全体出席者的具体人数、交接仪式的具体程序与内容以及是否要求对其进行保密等几方面而定。根据举行交接仪式的规则,一般可将交接仪式的举行地点安排在已经建设、安装完成并已验收合格的工程项目或大型设备所在地的现

第五章 商务应酬，卓越人士的礼仪之窗

场。有时，也可根据具体的情况，安排在东道主单位本部的会议厅或者由施工、安装单位与接收单位双方共同认可的其他场所。

（3）交接仪式的物品准备。

在交接仪式上，应由东道主提前准备需要使用的物品，其中作为交接象征之物的物品包括验收文件、一览表、钥匙。另外，主办交接仪式的单位，要为交接仪式的现场准备一些用以烘托喜庆气氛的物品，在举行交接仪式的现场四周，尤其是在正门入口处、干道两侧、交接物四周，可悬挂一定数量的彩带、彩旗、彩球，并放置一些色泽艳丽、花朵硕大的盆花，不仅烘托了气氛，也美化了环境。在仪式上赠送礼品是必不可少的，其中礼品应突出其纪念性、宣传性。

通常，来宾都会赠送一些祝贺性花篮，若这些花篮较多，可依照约定俗成的顺序，将其呈一列摆放在主席台正前方，或是分成两行摆放在现场入口处门外的两侧。但若来宾所赠的花篮甚少，就不用这样做。

交接程序的礼仪

交接仪式的程序，具体是指交接仪式进行的各个步骤。不同内容的交接仪式，其具体程序往往各有不同。主办单位在拟定交接仪式的具体程序时，必须遵守惯例执行原则和实事求是的原则。

交接的基本程序包括：

①宣布交接仪式开始。在宣布交接仪式开始之前，主持人应邀请有关各方人士在主席台上就座，宣布交接仪式正式开始后，全体应进行较长时间的鼓掌。

②奏国歌。全体人员必须肃立，奏国歌，并演奏东道主单位

的标志性歌曲。

③进行交接。由施工、安装单位的代表,将有关的工程项目、文件及象征物品正式递交给接收单位的代表。此时,双方应面带微笑,双手递交、接受有关物品,之后,应该热烈地握手。

④代表发言。这些发言,一般均为礼节性的,原则上讲,每个人的发言时间应以三分钟为准。

⑤仪式结束。此时,全体人员应再次进行较长时间的鼓掌。

参加交接仪式的礼仪

在交接仪式中,不论是东道主,还是到场来宾,都存在一个表现是否得体的问题。如果有人在仪式上表现失当,不仅会使交接仪式黯然失色,还会影响到有关各方的相互关系。

(1)东道主的礼仪。

①仪容仪表。东道主一方参加交接仪式的人员,代表本单位的形象。所以要求其妆饰规范、服饰得体、举止大方有礼。在交接仪式举行期间,不允许东道主一方的人员交头接耳或嬉笑打闹。

②待人友好。东道主一方的全体人员都应当自觉地树立起主人翁意识。一旦来宾提出问题或有需求时,都要全力相助。即使自己力不能及,也要向对方说明原因,并且及时向有关方面进行反映,使相关问题得以解决。

(2)来宾的礼仪。

①准时到场。若无特殊原因,接到邀请后,应正点抵达,为主人捧场。若不能出席,则应尽早通知东道主,以防在仪式举行时来宾甚少,使气氛冷淡。

②致以祝贺。接到正式邀请后,被邀请者即应尽早以单位或个人的名义发出贺电或贺信,向东道主表示热烈祝贺。有时,被

邀请者在出席交接仪式时,将贺电或贺信面交东道主,也是可行的。不仅如此,被邀请者在参加仪式时,还须郑重其事地与东道主一方的主要负责人分别握手,并口头道贺。

③预备贺词。如果来宾与东道主关系密切,还须提前预备一份书面贺词。贺词的内容应当简明扼要,主要是为了向东道主一方道喜祝贺。

④准备贺礼。为表示祝贺之意,可向东道主一方赠送一些贺礼,如花篮、牌匾、贺幛等。

6. 签约仪式礼仪

在商务交往中,签约极受商界人士的重视。它不但可以促使有关各方的相互关系取得更大的进展,还可以消除彼此之间的误会或抵触,从而达成一致性见解的。因为在具体签署合同之际,往往会依照惯例举行一系列的程式化的活动,这就是所谓的签约仪式。签约仪式的具体操作过程包括草拟阶段与签署阶段两大部分。

草拟合同的礼仪

从格式上讲,合同的写作有相应的规范。它的首要要求是目的明确、内容具体、用词标准、数据精确、项目完整、书面整洁等。从具体的写法上来讲,合同大体上有条款式与表格式两类。条款式合同是指以条款形式出现的合同;表格式合同是指以表格形式出现的合同。条款式合同与表格式合同,在写法上都有各自的具体规范,因此,在实践中应当严格遵守。

在草拟合同时,除了在格式上要标准、规范之外,同时还必须遵守以下四个方面的原则:遵守法律的原则、符合惯例的原则、合乎常识的原则、顾及对方的原则。因此,商务人员在草拟合同的具体条款时,既要优先考虑自己的切身利益,又要替他方多多着想,并且尽可能照顾他方的利益。这是促使合同被对方所接受的最佳途径。

签署合同的礼仪

一般地讲,合同的成立生效,需要履行一定的手续。依照我国的有关法律规定,当事人就合同条款的书面形式达成协议,并且签字,即为合同成立。仪式礼仪规定,为了使有关各方重视合同、遵守合同,在签署合同时,应举行郑重其事的签字仪式。此即所谓签约。

(1)签署合同的准备礼仪。

①布置签字厅。一间标准的签字厅,应当室内铺满地毯,除了必要的签字用桌椅外,其他陈设都不需要。正规的签字桌应为长桌,其上最好铺设深绿色的台布。在签字桌上,应事先安放好待签的合同文本、签字笔及吸墨器等。按照仪式礼仪的规范,签字桌应当横放于室内,签字人在就座时,一般应面对正门。

②签字的座次。签字时各方代表的座次,应由主方代为先期排定。合乎礼仪的做法是在签署双边性合同时,应请客方签字人在签字桌右侧就座,主方签字人则应同时就座于签字桌左侧。双方各自的助签人,应分别站立在各自一方签字人的外侧,以便随时对签字人提供帮助。双方的随员,可以按照一定的顺序在己方签字人的正对面就座,也可以依照职位的高低,依次自左至右

（客方）或是自右至左（主方）地排列成一行，站立于己方签字人的身后。当一行站不完时，可以按照以上顺序并遵照"前高后低"的惯例排成两行、三行或四行，原则上，双方随员人数，应大体上相近。

③预备合同文本。在正式签署合同之前，应由举行签字仪式的主方负责准备待签合同的正式文本，这是商界的习惯。在决定正式签署合同时，就应当拟定合同的最终文本，它应当是正式的不再进行任何更改的标准文本。按常规，应为在合同上正式签字的有关各方，均提供一份待签的合同文本。必要时，还可再向各方提供一份副本。待签的合同文本，应以精美的白纸精制而成，按大八开的规格装订成册，并以高档质料，如真皮、金属、软木等作为其封面。

（2）签署合同程序的礼仪。

签字仪式的程序一共分为以下四项：

①仪式的开始。仪式开始之后，有关各方人员进入签字厅，坐在既定的位次上。

②正式签署合同文本。首先签署己方保存的合同文本，然后再签署他方保存的合同文本。要求每个签字人在由己方保留的合同文本上签字时，按惯例应当名列首位。所以，每个签字人都要首先签署己方保存的合同文本，然后再交由他方签字人签字。

③交换各方正式签署的合同文本。在签字人正式交换有关各方正式签署的合同文本时，各方签字人应热烈握手，互致祝贺，并相互交换各自一方刚才使用过的签字笔，以作纪念。全场人员鼓掌，表示祝贺。

④互相道贺。交换已签的合同文本后，按照国际上通行的用

以增添喜庆色彩的做法，有关人员，尤其是签字人要当场干上一杯香槟酒。并且，在商务合同正式签署后，应提交有关方面进行公证，此后才正式生效。

7. 正确的使用商务请柬

请柬，也叫请帖，请柬是人们举行吉庆活动或某种聚会时，为表示对客人的尊重，专门向邀请对象发出的邀请文书。它既是我国的传统的礼仪文书，也是国际通用的商务社交文书。

某单位举行庆功联谊会，给一些公司发送了请柬，邀请大家参加，并准备了精美的礼品，用来感谢平时对自己公司的帮助。结果有些公司没有接受邀请，活动不太成功。公司主要领导很困惑，经和有关人士接触，方知所送请柬有问题。一是落款时间用阿拉伯数字写，中间用顿号来代替年、月、日的汉字，给人以活动不正式、主人本身就不够重视的感觉；二是请柬中的事由没有表达清楚，使人误以为是该公司的内部活动，别人可有可无，当然就不肯应邀前来了。

由此可见，懂得请帖的礼仪是非常重要的，为了方便人们对请帖正确的使用，以下是对请柬的简单介绍，希望能对您有所帮助。

请柬的形式

（1）折叠式。

折叠式请柬一般为一方纸的对折，对折后形成四面，封面印一些适当的图案，并印请柬二字，封底连封面印图或素白，内面则写请柬的具体内容。

（2）正反式。

正反式是比较简朴的一种请柬，形同一张卡片，正面写"请柬"二字，背面则是请柬的具体内容。这种简朴的请柬现在较少使用。

（3）竖式、横式。

从书写或印刷格式看，请柬又可分为竖式和横式。竖式是传统的，与传统的竖行书写方法相应；横式则与横行书写的方式相应。虽然现在横、竖两种形式已经通用，但也要适当做一些选择。从邀请对象考虑，邀请港台朋友，则以竖式为妥，而一般大众化的，尤其是以集体名义发出的，则以横式为佳；传统、民族特色浓的活动可用竖式，现代、西方特色浓的活动可用横式；若是纯外文（除日文等）或中外文并用的，则以横式为宜。

请柬的设计

横式的请柬应把被请人姓名顶格书写，其下正文写邀请内容，第三部分是落款、地址和电话。

竖式请柬一般都用比较文雅的语言。长久以来，我国形成了一整套此类传统用语，比如请人前来叫"敬请光临"，如果是请人为自己办某些事情，则用"指教""指导"等；根据请客来的不同目的，也可以有不同的用语，如果是请人来参加因某事而设的宴会，就用"特备薄酒""洁樽恭候""淡酌"等，如果仅是一般茶点，则可用"粗布茶点"等。

有的请柬除其本身以外，还要有其他的附件。比如，除了写清地址之外，另附一张路线图，这对于难找的地址或方便来客

社交与礼仪

来说,也是必要的。再如请人参加婚庆舞会而附舞会入场券,请人参观画展附参观券等。画展、音乐会、报告会等一类活动的请柬,如能同时附上节目单、报告目录或其他资料,当最为妥帖,因为这样可以给人更明确的信息,以供人选择是来还是不来。

请柬的回执

很多时候,接到请柬的人并不一定都来,活动的组织者对此也要有一定的准备,应多发一些请柬,以邀请到预计的人数。不过,为了更准确地把握来客情况,有的请柬应请被邀请人回复某些情况,即回执。回执的要求是被邀请人明确是否光临,有的则还要求回答其他情况,如是否自带舞伴,外地来的客人要求不要求解决住宿问题等。回执可以是另外印制附于请柬的,也有是请柬自带的。接到带回执的请柬,应将回执填好寄回,或者打电话回复有关情况。

其他应当注意的礼仪

有的请柬只能在对方同意应邀的前提下才能发出。比如,请人做某行业方面的知识、技术讲授,做报告或为自己做其他事情等,请柬要在征得对方同意的前提下发出,否则就是"先斩后奏""下命令",就可能违背别人的意愿,显然,这些都是不礼貌的。同样是这种情况,征得了对方同意,但也应将请柬及时送上,否则也是不礼貌的。

另外,无论是递交还是寄交,都应该把握请柬发出的时间。寄交的则必须估计到足够的邮递时间,否则就可能使被邀人接到请柬时,活动已经开始了,或是根本来不及准备。对于有回执的请柬来说,发出时间更应该提前,给被邀人留出足够的回复时间

第五章 商务应酬,卓越人士的礼仪之窗

来。需要对方准备的邀请,也应如此。

值得注意的是,一般的请柬都应该加封,寄出的尤应如此,递交的则可不封口。这方面草率了,就会给人家不那么郑重其事的感觉。

第六章　礼貌说话，
　　　有礼有节好沟通

俗话说，"一句话能把人说跳，一句话也能把人说笑。"言语是思想的衣裳，谈吐是行动的羽翼。语言可以表现一个人的高雅，也可以表现一个人的粗俗。因此，要想在人际交往中与他人进行良好的沟通，就应该懂得语言的礼仪。

第六章　礼貌说话，有礼有节好沟通

1. 不失分寸地进行自我介绍

介绍是人际交往中与他人进行沟通、增进了解、建立联系的一种最基本、最常规的方式，是人与人进行相互沟通的出发点。根据社交礼仪的具体规范，进行自我介绍，应注意自我介绍的时机、自我介绍的内容、自我介绍的要求等方面的问题，才能使自我介绍恰到好处、不失分寸。

自我介绍的时机

（1）因业务关系需要相互认识，进行接洽时可自我介绍。

（2）第一次登门造访，事先打电话约见，在电话里应自我介绍。

（3）参加大型聚会时，与不相识的与会者或同席的人互相自我介绍。

（4）在出差、旅行途中，与他人不期而遇，并且有必要与之建立临时接触时，可适当自我介绍。

（5）初次前往他人居所、办公室时，要自我介绍。

（6）应聘求职时应先做自我介绍。

（7）利用大众传媒，向社会公众进行自我推介、自我宣传时。

（8）应试求学时向主考官进行的自我介绍。

自我介绍的类型

（1）工作式自我介绍。

社交与礼仪

它又叫公务式的自我介绍，工作式的自我介绍，主要适用于工作中。它是以工作为自我介绍的中心。工作式的自我介绍的内容，应当包括本人姓名、供职的单位及其部门、担负的职务或从事的具体工作三项，缺一不可。其中，姓名应当一口气报出，不可有姓无名，或有名无姓。供职单位及其部门，最好全部报出，但具体工作部门有时也可以暂不报出。另外，有职务最好报出职务，职务较低或者无职务，把目前所从事的具体工作报出即可。

（2）交流式自我介绍。

也叫社交式自我介绍或沟通式自我介绍。交流式的自我介绍主要是为了达到与交往对象进一步交流与沟通的目的，希望对方认识自己，并有可能与自己建立关系的自我介绍，主要适用于社交活动中。交流式的自我介绍的内容，应当包括自我介绍者的姓名、工作、籍贯、学历、兴趣以及与交往对象的某些熟人的关系等等。但有些时候不一定非要面面俱到，而应按具体情况而定。

（3）应酬式自我介绍。

应酬式的自我介绍，适用于各种公共场合和一般的社交场合。它的对象，主要是进行一般接触的交往对象。对自我介绍者来说，对方属于泛泛之交，或者早已熟悉。进行自我介绍的目的只不过是为了更明确身份而已，因此，这种自我介绍内容要短小精悍。应酬式的自我介绍的内容一般只包括姓名与供职单位。

（4）礼仪式自我介绍。

礼仪式自我介绍，适用于报告、演出、仪式等一些正规而隆重的场合，它是一种表示对交往对象友好、敬意的自我介绍。礼仪式的自我介绍的内容包含姓名、单位、职务等项，但是还应多加入一些适当的谦辞、敬语,以表示自己真诚交往的态度。

(5)问答式自我介绍。

问答式的自我介绍,讲究有问有答,一般适用于应试、应聘和公务交往。在普遍性交际应酬场合,也会出现此类方式的问答。

自我介绍的要求

注意时间。进行自我介绍一定要力求简洁,尽可能地节省时间,所用时间越短越好,以半分钟左右为佳,如无特殊情况最好不要长于一分钟。为了节省时间,在作自我介绍时,还可利用名片、介绍信加以辅助。自我介绍应在适当的时间进行,进行自我介绍的适当时间指的是对方有兴趣、有空闲、情绪好、干扰少、有要求时。

实事求是。进行自我介绍时所表述的各项内容,一定要实事求是、真实可信。没有必要过分谦虚,一味贬低自己去讨好别人,但也不可自吹自擂,夸大其词,在自我介绍时掺水分,会得不偿失。

讲究态度。进行自我介绍,态度务必要自然、随和。应显得落落大方,不要矫揉造作。在作自我介绍时,要充满信心和勇气。千万不要因胆怯而临场发挥失常。在进行自我介绍时,一定要显得胸有成竹、不慌不忙。这样做,将有助于自我放松,并使对方对自己产生好感。在自我介绍的过程之中,语气要自然、语速要正常、语音要清晰,这对自我介绍的成功将大有好处。

要懂礼貌。在引发对方做自我介绍时应避免直话相问,这样显得很没有礼貌。因此,应尽量用敬辞,表现出良好的个人素质。

2. 和不同人交谈的礼仪

与年幼者交谈的礼仪

长幼之间由于年龄、资历、身份等多方面的原因，在交谈中很容易造成一种不和谐、不舒畅的现象。尤其是作为谈话主体方面的长者与幼者谈话时，往往因为所面对的是比他小、比他资历浅的小字辈，就更容易无所顾忌，不讲方式方法，使交谈发生阻滞，引起不良的后果。最关键的是尊重年幼者的人格，相信晚辈的自制力。长辈的暗示会成为他们一生中的滋养，有助于他们成为一个是非分明的人。长幼之间在谈论一些人生意义、道德规范等重要问题而且同实际作为相联系的时候，也不是没有艺术可讲的。越是问题的性质重大，越是需要讲究交谈艺术，讲究"硬"话"软"说的艺术。家庭不是法庭，父母不是法官，不能使用法官在法庭上面对罪犯所使用的语言同子女谈话。可惜，我们有的做长辈的，在子女本来需要规劝的时候，却因我们使用了"家长式"的方式，致使他们同我们疏远而不肯听从我们的指导，在歧路上越走越远。

与年长者交谈的礼仪

和老年人交谈时应激发并聆听老者讲述关于他自己过去的历史，从而满足其怀旧心理。在谈话中也可以称赞和鼓励年老者的身体、精力和意志，从而满足其自信心理。另外应关怀和抚慰年长者的生活起居和感情，从而消解其孤独心理。许多老人，尤

第六章 礼貌说话，有礼有节好沟通

其是鳏夫寡妇，常常有一种孤独感和寂寞感。晚辈们应当了解年长者的感情需要，倘若老人要找伴侣，晚辈们应当给予理解和支持。应当多和老人谈心，沟通思想，不断增进了解。

当要说服长辈时，只要你讲的有道理，你能拿出足够的证据使他们相信，他们就会改变主意，转而接受你的意见。而最好的方法就是利用年长者自己的经历和言行来说服长者。一般情况下，做父辈的都有自己认为辉煌的过去，他们免不了要以这些为资本对子女进行教育，要他们效法。而作为成年的子女，如果你要干一番事业但受到长辈的阻挠时，就可以拿长辈的事实作为论据，进行类比，这种方式有很强的说服力。

与异性交谈的礼仪

与异性谈话，是极其微妙的，不同于与恋人之间的谈话和夫妻之间的谈话。由于性格的敏感性，在同异性谈话时，人们特别容易感到性别的差异，因而自觉或不自觉地抑制自己的情感，从而影响自己的口才。聪明的人，在与异性谈话时能恰到好处地选择那些生活中的趣事作话题，既可以消除彼此间的距离，又容易产生共鸣，增加亲切成分。比如选择一些比较轻松、大众化的话题：影视圈里的绯闻轶事、音乐界的排行夺魁、校园生活的诗情画意等等。这些话题不仅外延广，内涵深，而且可以激起彼此的谈话兴趣。另外，和异性交谈，要比你和同性谈话加倍留心才是。因为你对他（她）所知甚少，加之性别的缘故，彼此之间的话题就显得特别谨慎敏感。所以你应重视任何可以得到的线索和暗示，随机应变地调整你的语言。

值得注意的是，与异性交谈，有时会遇到特别矜持的异性（女性居多）。当男子首先向她说话的时候，她像惜话如金似的仅用"是"与"不是"等简单作答。有一定社交经验的异性遇到这种情况，会耐心交谈下去，因为时间能慢慢地使陌生人变得熟悉起来，甚至引出她最有兴趣的话题，逐步改变"话不投机"的局面。与异性交谈时，切不可过分热情，否则可能会让对方误会，对已婚异性更要注意这个问题。

3. 闲聊也要讲究方法和礼仪

闲聊，具有很强的休闲性质。轻松愉快的闲谈，既可以松弛神经、解除疲劳，又有利于身心健康。但是闲聊不是胡谈、瞎谈、乱谈，也要讲究方法和礼仪，否则就会弄巧成拙，不欢而散。

闲聊的话题

（1）具有广泛性内容的话题。

具有广泛性内容的话题包括：文艺、体育、旅游、时尚、习俗等，这类话题谈起来轻松愉快，只要能找到共同点，就一定能产生共鸣，收到较好的闲聊效果。

（2）闲聊对方感兴趣的话题。

闲聊对方感兴趣的话题应该具有针对性，比如专业、特长、爱好等，这是对方所擅长的话题，乐意交谈。要使闲聊在谈话中充分发挥作用，就要根据不同的对象选择不同的话题。

闲聊的时间和地点

闲聊可以自由掌握时间和地点。你可能会在等公共汽车的时候和其他等车的人聊天,可能在酒吧和朋友聊天,也有可能在电梯内和身旁的人聊上几句,或在电影开始前与人聊天。不管是初次见面的客户,还是多年的老友,抑或偶然相遇的路人,都可以成为闲聊的对象。总之,懂得闲谈的礼仪,不论对他人还是自己都非常重要。

闲聊的礼仪

(1)保持轻松愉快的气氛。闲聊最重要的一点,就是保持轻松愉悦的气氛,让对方想继续聊下去。记住,谈话时如果始终笑容可掬,别人也会更专注。不要引经据典、说太斯文的话,那也许会令对方感到莫名其妙。

(2)和一个人聊天时不要冷落了旁人。如果在座的当中有人比较幽默风趣,让你特别想跟他聊天,那你还是应当照顾到其他的宾客,也和他们有一定的聊天时间,特别是酒席上,不要只把头转向一边,而冷落了另一边的宾客。

(3)不要谈及他人忌讳的事情。闲聊时一定要注意适可而止,不要滔滔不绝,没完没了,万一不小心触及对方的痛处,闹得不欢而散,可就因小失大了。

闲聊的禁忌

闲聊,说到底就是打发时间。爱闲聊的人大抵有两种:一种是无目的的"没事说着乐"的"谈资式"闲聊;一种是有目的地以闲聊为陷阱,套人之口误的假闲聊。但必须注意的是,无论是什么样的闲聊,都不能失去应有的分寸,否则,一次你认为无意识的聊天,会给居心叵测的他人掠到"很有意思"的东西。

闲聊可以,但不能把太多的时间耗在无意识的闲聊上,因为无意识的闲聊大多是谈论他人支离破碎、毫无意义的事。闲人市侩爱谈资，那是因为他是闲人市侩，如果你不想当闲人市侩，你就应该知道飞短流长的谈资就是在空耗自己和别人的时间。

4. 恰当地称呼他人

称呼，是沟通人际关系的信号和桥梁，也是表情达意的重要手段。结识新朋友，路遇老朋友，一见面就是称呼对方。这既是对对方的尊重，又是自己知书达礼的体现。据有关心理专家说，人们对别人怎样称呼自己特别地看重，同时由于各国各民族民俗不同、语言各异、社会制度也不一，因而称呼上的差别也较大。朋友相见，尤其是与陌生人相见，就不得不讲究应该如何称呼了。如果称呼错了，将会闹出笑话，造成误会，使对方不高兴甚至反感。而恰当的称呼则会让对方觉出你的尊重，它有如妙音入耳，使对方备感温馨，从而使双方产生心理相容，使感情更加融洽，使交流更加顺畅。

人际交往中，称呼每天都会用到，这里面的学问也挺多的，掌握它是你在人际关系中应付自如的前提。

（1）称呼的原则。

称呼是当面打招呼用的表示彼此关系的名称。称呼语是交际语言中的先锋官。一声亲切而得体的称呼，不仅能体现一个人谦恭有礼的内涵，而且能使对方如沐春风，易于交融双方的情感，为深层交际打下基础。

第六章 礼貌说话，有礼有节好沟通

社会是一个大舞台，每个社会成员都在社会大舞台上充当特定的社会角色，而称呼最能准确地反映人际关系的亲疏远近和尊卑上下，具有鲜明的褒贬性。亲属之间，按彼此的关系，

都有固定称呼，自不待说。在社会交际中，人际称呼的格调则有雅俗高下之分，它不仅反映人的身份、地位、职业和婚姻状况，而且反映对对方的态度及其亲疏关系，不同的称呼内容可以使人产生不同的情态。如同是对老年人，就可称老人家、老同志、老师傅、老大爷、老先生、老伯、老叔；对德高望重者还可称"X老"，如"张老"，切不可称"老头子""老婆子""老东西""老家伙""老不死"等。很显然，前者是褒称，带有尊敬对方的感情色彩；而后者则是贬称，带有蔑视对方的厌恶情绪。在交际开始时，只有使用高格调的称呼，才会使交际对象产生同你交往的欲望。因此，使用称呼语时要遵循如下三个原则：

①礼貌原则。

这是人际称呼的基本原则之一。每个人都希望被他人尊重，而合乎礼节的称呼，正是表达对他人尊重和表现自己有礼貌修养的一种方式。在社交接触中，称呼对方要用尊称。常用的尊称有："您"——您好，请您；贵"——贵姓、贵公司、贵方、贵校、贵体；"大"——尊姓大名、大作；"贤"——贤弟、贤媳、贤侄等；"高"——高寿、高见、高明；"尊"——尊客、尊意、尊口、尊夫人。

②尊崇原则。

一般来说，国人有从大从老从高的心态。如对同龄人，可称呼对方为哥、姐；对既可称"爷爷"又可称"伯伯"的长者，以

称"爷爷"为宜；对副科长、副处长、副厂长等，也直接以正职相称。

③适度原则。

许多年轻人往往对人喜欢称师傅，虽然亲热有余，但文雅不足且普适性较差。对理发师、厨师、企业工人称师傅恰如其分。但对医生、教师、军人、干部、商务工作者称师傅就不合适了，要视交际对象、场合、双方关系等选择恰当的称呼。在与众多人打招呼时，还要注意亲疏远近和主次关系。一般以先长后幼、先高后低、先亲后疏为宜。

（2）称呼的方式。

称呼的方式有多种：其一，称姓名。如"张三""李四""王娟"等，称姓名一般适用于年龄、职务相仿，或是同学、好友之间。否则，就应将姓名、职务、职业等并称才合适，如："张三老师""李四处长""王娟小姐"等。其二，称职务。加"王经理""汪局长"等。其三，称职业。如"老师""空姐""乘务员""医生""律师""营业员"等。其四，称职衔。如工程师、教授、上尉、大校等。其五，拟亲称。如"唐爷爷""汪叔叔""胡阿姨"等。其六，称"先生""夫人""太太""小姐""同志"等，这是最普遍、最常用的称呼。

一般在正式场合的称呼应注重身份、职务、职称、职衔；非正式场合可以辈分、姓名等称呼。在涉外活动中，按照国际通行的称呼惯例，对成年男子称先生，对已婚女子称夫人、太太，对未婚女子称小姐，对年长但不明婚姻状况的女子或职业女性称女士。这些称呼均可冠以姓名、职称、职衔等。如"布莱克先生""上校先生""护士小姐""怀特夫人"等。对部长以上的官方人士,一般可称"阁下"职衔或先生。如"部长阁下""总统阁下""总理先生阁下"等。但在美国、墨西哥、德国等没有称"阁下"的习惯,因此对这些国家人士可以"先生"相称。君主制国家,按习惯称国王、皇后为"陛下",称王子、公主、亲王为"殿下"。其他有爵位的人,可以其爵位相称,也可称"阁下"或"先生"。对有学位、军衔、技术职称的人士,可以称他们的头衔,如某某教授、某某博士、某某将军、某某工程师等。外国人一般不用行政职务称呼别人,不称"某某局长""某某校长""某某经理"等。社会主义国家之间,可以称职务或同志。在美国,人们常把直呼其名,视为亲切的表示,只是对长者、有身份地位的人例外。

5. 正确地利用介绍广交朋友

在社交或商务场合,如能正确地利用介绍,不仅可以扩大自己的交际圈,广交朋友,而且有助于进行必要的自我展示,并且替自己在人际交往中消除误会,减少麻烦。介绍他人认识,是人际沟通的重要组成部分。良好的合作,可能就是从这一刻开始。他人介绍,又称第三者介绍,它是经第三者为彼此不相识的双方引见介绍的一种介绍方式。在一般情况下,为他人介绍都是双向的，即第三者对被介绍的双方都做一番介绍。有些情况下，也可只将被介绍者中的一方向另一方介绍。但前提是前者已知道、了解后者的身份，而后者不了解前者。在他人介绍中，为他人做介绍的人一般有社交活动中的东道主、社交场合中的长者、家庭聚会中的女主人、公务交往活动中的公关人员等。

他人介绍的时机

他人介绍的时机包括：在家中接待彼此不相识的客人；在办公地点接待彼此不相识的来访者；与家人外出路遇家人不相识的同事或朋友；陪同亲友前去拜会亲友不相识者；本人的接待对象是不相识的人士而对方又跟自己打了招呼；陪同上司、长者、来宾时遇见了其不相识者而对方又跟他们打了招呼；打算推荐某人加入某一社交圈；受到为他人做介绍的邀请。

他人介绍的顺序

（1）介绍长辈与晚辈认识时，先将晚辈介绍给长辈。

（2）介绍年长者与年轻者认识时，先将年轻者介绍给年长者。

（3）介绍老师与学生认识时，先将学生介绍给老师。

（4）介绍已婚者与未婚者认识时，应将未婚者介绍给已婚者。

（5）介绍女士与男士认识时，应先将男士介绍给女士。

（6）介绍同事、朋友与家人认识时，应先将家人介绍给同事、朋友。

（7）介绍社交场合的先至者与后来者认识时，应先将后来者介绍给先至者。

第六章 礼貌说话，有礼有节好沟通

（8）介绍来宾与主人认识时，应先将主人介绍给来宾。

（9）在公务场合，要先将职位低的介绍给职位高的。

（10）在向别人介绍自己的家庭成员时，应该谦虚地说出对方的名字，这不仅是出于礼貌，而且介绍自己的家庭成员也比较的方便。

他人介绍的类型

（1）标准式。

内容以双方的姓名、单位、职务等为主，适用于正式场合。

（2）简介式。

其内容往往只有双方姓名一项，甚至可以只提到双方姓氏为止。接下来，则要由被介绍者见机行事。适用一般的社交场合。

（3）引见式。

作这种介绍时，介绍者所要做的是将被介绍者双方引导到一起，而不需要表达任何具有实质性的内容。适用于普通的社交场合。

（4）强调式。

其内容除被介绍者的姓名外，往往还会刻意强调一下其中某位被介绍者与介绍者之间的特殊关系，以便引起另一位被介绍者的重视。适用于各种交际场合。

（5）礼仪式。

是一种最为正规的他人介绍。其内容略同于标准式，但语气、表达、称呼上都更为礼貌。适用于正式场合。

（6）推荐式。

多是介绍者有备而来，有意要将某人举荐给某人，因此在内容方面，通常会对前者的优点加以重点介绍。适用于比较正规的场合。

他人介绍时的细节

在进行他人介绍时，介绍者与被介绍者都要注意自己的表达、态度与反应。介绍时的细节包括：介绍者为被介绍者作介绍之前，要先征求双方被介绍者的意见；当被介绍者在介绍者询问自己是否愿意认识某人时，一般不应加以拒绝或扭扭捏捏，应欣然表示接受。如果实在不愿意，应向介绍者说明缘由，取得谅解；当介绍者走上前来为被介绍者进行介绍时，被介绍者双方均应起身站立，面带微笑，并恭敬地目视介绍者或者对方；当介绍者介绍完毕，被介绍者双方应依照合乎礼仪的顺序进行握手，并且彼此使用友好的语句问候对方。不要在此时此刻有意拿腔拿调、硬端架子，显得瞧不起对方。

6. 巧妙赞美别人

"人告之以过则喜"，这是《论语》中的一句话。但现在的人际交往中并不提倡这种做法，因为很少人有子路、孔子等大圣人的这种雅量，一般情况下，普通人都不可能做到这一点。大家常说"良药苦口利于病，忠言逆耳利于行"，但真正能听得进逆耳忠言的人却并不多。所以说话时应当灵活，不妨适当说些赞美的话。

第六章 礼貌说话，有礼有节好沟通

赞美是一门学问，巧妙赞美别人，不仅会赢得对方的尊重，还会提高你在别人心目中的地位。只要是优点、是长处，对别人没有害处，你就可以毫无顾忌地表示你的赞美之情。因为他代表欣赏一个人的某个特点，并肯定这个特点。当然，赞美别人对自己也会有所帮助。因为，你若想让对方接受你的观点或想法，就必须先让对方能够静心倾听你的想法。如果对方连听都没有听进去，更谈不上接受不接受。而要对方倾听，就不可使对方产生反感情绪。此时赞美的话就会发挥最好的效用，赞美别人的同时，也吸引了对方的注意力，对方才有时间静心倾听你的想法。

韩非子曾经说过一句话，大意是：要适当地赞美别人的优点和长处，这是正确处理人与人之间的关系的一条重要而实用的法则。任何人都乐意听好话，听别人赞美自己的长处和优点，而不愿意听别人直说自己的短处和缺点。爱慕虚荣之心人皆有之，尤其是在他们觉得做没有多大把握的事情时，非常愿意看到自己在这些没什么把握的事情上表现不凡，获得别人的称赞。虽然赞美的妙用到处可见，但若是用错了，就会令人处境尴尬。

有个公司的部门主管在抓好公司业务的同时，结合自己的工作实践撰写了一本书稿，他这样称赞总经理："你在企业工作真是一个错误的选择，如果你专门研究经营管理，我相信你一定会成为商务管理的专家，会有更加突出的成果问世。"

总经理看了部门主管的这一段文字，十分不悦地说："你的意思是说我根本不适合做公司的总经理，只有另谋他

社交与礼仪

职了。"看见总经理产生了误解,本来想对总经理赞美一番的部门经理紧张得直冒冷汗。正当万般尴尬之时,一位秘书走过来替部门主管打了个圆场,她说道:"部门主管的意思是说您是个多才多艺的人,不仅本职工作抓得好,其他方面也非常出色。"总经理听后,脸色一下子缓和了下来,这才化解了主管的危机。

由此可见,赞美也需要把握火候,掌握分寸,这样才能成为一个受欢迎的人。同样是赞美一个人,称赞一件事,不同的表达方法取得的效果会大相径庭。因此,若想巧妙地赞美别人,要注意以下几个方面:碰到自我意识强、警觉性高的人,可以投其所好适当赞美,但要让对方觉得你是由衷称赞他,称赞时眼睛要注视对方,流露出一种专心倾听对方讲话的表情,让对方意识到自己的重要,这样能达到一种无声胜有声的效果。另外,赞美也要有所见地,赞美对方的容貌,不如赞美对方的能力和品质更显得得体。赞美的话要选准时机,适可而止,不宜过多,当对方对你的赞美显示出不耐烦的样子时,你就要适可而止。若别人刚介绍你与对方相识,这时你就应该巧妙地称赞一下对方的名字,这样对方才会更容易记住你。

适当地赞美别人,说说赞美话也是处世之道。赞美是博得人心的好方法,它不是拍马屁,也不是奉承。只要话说到点子上,就能深入人心,在与他人打交道、共事时就会变得轻而易举。

7. 演讲的礼仪

演讲又叫演说或讲演,是当众所进行的一种正规而庄严的讲话,与一般的交谈或闲聊不同,大都在公共场合进行。作为演讲者,若想调动观众的情绪,把自己的观点陈述给听众,并让听众接受自己的观点,就要掌握语言的运用,懂得语言的礼仪。

演讲的语言要素

比喻:一个精彩的比喻,会让人听起来耐人寻味。比喻是说服听众,获得理解的有效方法之一。

排比:有净化思想,加强语势,增强语言的节奏和旋律美的效果。用它说理,可以使论述细密严谨,使事物集中完美地表现。

引用:通过名言警句、诗歌、谚语、故事等,加强演讲的说服力,使演讲更生动、形象,有助于听众对演讲内容的理解。

设问:提出问题但不要求别人回答,而是为了启发人们去思考,使听众注意力引到演讲者身上,集中精力来听取演讲内容。

幽默:使听众心里欢畅,使全场气氛活跃,能加强听众对演讲内容的注意力,加深听众对演讲的深刻理解。

演讲时的语言运用

从结构上讲,任何演讲的内容都不外乎由开场白、正题与结束语三部分构成。在语言上,它应当尽量生动、形象、幽默、风趣。可以多举例证，多打比方多或使用名言警句，但不要乱开玩笑，尤其不能讲脏话、黑话。在内容上，应当言之有物，不要夸大其词，无的放矢。

人们在交谈时，形象风趣的论理会使人脑清目明，生动感人的叙述会使人为之动容，新鲜、简洁的语言使人乐于倾听。因此，演讲者的语言除了要抑扬顿挫、缓急有致外，还要与听众交流，在演讲的同时和间隙，双方都用态势语进行交流，如默契的眼神交流，以手势、服饰、风度引起相应的反应等调节和适应听众心理，并察言观色而寻求更好的表达。值得注意的是演讲者演讲时，应当辅以适当的手势，但不要摇头晃脑，指手画脚，更不要将拳头煞有介事地挥来挥去。

另外，演讲者在时间上，应当力求点到为止，短小精悍。照常理来说，发表即席的演讲，三分钟左右即可，一般不要超过五分钟。如果是限时演讲，即演讲的时间有所规定，则宁肯时间没用完，也不要超过。

演讲举止的注意事项

（1）进入会场。有人陪同时，听众可能已经坐好，几位演讲者同时进入会场，不可在门口推托谦让，而应以原有的顺序进入会场。

（2）坐下前后。要等陪同人指示座位，并与其他演讲者同时落座。如果先进入会场，被主持人发现时给调换座位，应马上服从并表示谢意。坐好后不要左顾右盼，更不要主动与别人打招呼。

（3）介绍。演讲前主持人常常要向听众介绍演讲者。主持人提到名字,演讲者应主动站起来,立直身体,面向听众,并微笑致意。

(4)走上讲台。走路时上身要直立,不躬腰,不腆肚,步伐不疾不徐。目视前方,虚光看路。头要正,不偏不摇,双手自然摆动。

(5)走下讲台。演讲完毕,要向听众敬礼,向主持人致意。如果听到掌声,应再次向听众表示谢意,然后下台回原座位。

(6)走出会场。演讲全部结束,演讲者可以由主持人陪同先行退场。

第七章　餐饮舞会，
餐桌上将优雅做到极致

　　饮食礼仪因宴席的性质、目的而不同，不同的地区也是千差万别。古代的饮食礼仪是按阶层划分：宫廷，官府，行帮，民间等。而现代饮食礼仪则简化为主人和客人了。不管是中餐还是西餐，无非是两方面的礼仪，一是来自自身的礼仪规范，比如说餐饮适量、举止文雅；另一个是就餐时自身之外的礼仪规范，比如说菜单、音乐、环境等。

第七章 餐饮舞会，餐桌上将优雅做到极致

1. 中餐宴会要注意细节

中餐宴会是指具有中国传统民族风格，遵守中国人的饮食习惯和礼仪规范的宴会。宴会筵席作为礼仪的表现形式之一，历来为人们所重视。在日常社交生活中，为了使自己的举止形象符合个人礼仪，举行宴会时一定要注意各个方面的细节。

宴会的准备

（1）确定人员。

宴会之前，应按照宴请所要达到的目的，列出被邀请宾客的名单。确定主宾、副主宾以及陪同客人。宴请时间应以主宾最合适的时间来确定，以多数宾客能来参加宴会为准则。宴会场所的选定，要考虑生活习惯、民族差异及宗教信仰等方面的因素。

（2）座位的安排。

排座次是整个中国饮食礼仪中最重要的一部分。通常情况下，家宴首席为辈分最高的长者，末席为辈分最低者。敬酒时自首席按顺时针方向一路敬下，若是圆桌，则正对大门的为首席。如夫人出席，通常把女方安排在一起，即主宾坐男主人右上方，其夫人坐女主人右上方。若为八仙桌，如果有正对大门的座位，则正对大门一侧的右位为主客。如果不正对大门，则面东面一侧右席为首席。如果为大宴，桌与桌间的排列讲究首席居前居中。

社交与礼仪

主人的礼仪

（1）邀请。

宴会的成功是与主人的热情好客、慷慨招待和细致周到的组织安排分不开的。主人的职责就是使每一位来宾都感到自己受欢迎。主人宴请，无论是出于什么原因和目的，都应提前对客人发出口头或书面邀请，并依照客人的习惯、特点安排好请客时间、地点等事宜。若是礼仪性宴请，礼节更讲究。

（2）迎客。

在宴会开始前，主人应该站立门前笑迎宾客，晚辈在前，长辈居后。对每一位来宾，要依次招呼，待客人大部分到齐之后，再回到宴会场所中来，分头跟客人招呼、应酬。主人对宾客必须热诚恳切，平等对待，不可只注意应酬一两个而冷落了其他的客人。

（3）地主之谊。

入席前主人应尽可能地亲自递烟倒茶。上菜后，主人要先向客人敬酒。此后每一道菜上来，都要先举杯邀饮，然后请客人"起筷"。要照顾到客人的用餐方便，及时调换菜点或转动餐台，遇到有特殊口味的客人更要及时调换。

主人在给客人敬菜时，要注意以下几点：当一道菜端上桌时，主人可简单介绍一下这道菜的色、香、味等特色。如果是家宴，当客人对一道菜表示特别的兴趣时，主人还可简单介绍这道菜的烹饪方法；当餐桌上的客人有主次、长幼之分时，每一道菜上来，主人应先请主客或老者品尝；当客人相互谦让、不肯下筷时，主人可站立起来，用公筷、公匙为客人分菜。在分菜时，一要注意首先分给在座的主客或长者，然后按照就座的秩序依次分

第七章 餐饮舞会，餐桌上将优雅做到极致

下去；有些菜肴可能用筷子分不开，这时也可借助于刀叉，或请在座的客人协助，千万不要用手去撕扯；当客人对某道菜表示婉谢时，应予以谅解，不强人所难。不管客人口味如何，将菜硬堆到人家碗里，是不礼貌的。

（4）送客。

席散后，主人要亲自到门口恭送客人离去。对那些在宴请中照顾不周的客人，应说几句抱歉和感谢之类的话。并等客人上车走远以后，方可离去。

做客的礼仪

（1）服饰礼仪。

客人赴宴前应根据宴会的目的、规格、对象、风俗习惯或主人的要求考虑自己的着装，着装不得影响宾主的情绪，影响宴会的气氛。

（2）点菜礼仪。

如果主人安排好了菜，客人就不要再点菜了。如果你参加一个尚未安排好菜的宴会，就要注意点菜的礼节。点菜时，不要选择太贵的菜，同时也不宜点太便宜的菜，太便宜了，主人反而不高兴，认为你看不起他，如果最便宜的菜恰是你真心喜欢的菜，那就要想点办法，尽量说得委婉一些。

（3）用餐礼仪。

主人举杯示意开始，客人才能用餐。面对一桌子美味佳肴，不要急于动筷子，须等主人动筷，说"请"之后才能动筷，进餐时举止要文明礼貌。如果酒量还能够承受，对主人敬的第一杯酒应喝干。同席的客人可以相互劝酒，但不可以任何方式强迫对方喝酒，否则便是失礼。自己不愿或不能喝酒时，可以谢绝。在夹

菜时，要使用公筷，不要取得过多，吃不了剩下不好。在自己跟前取菜时，不要伸长胳膊去夹远处的菜。更不能用筷子随意翻动盘中的菜。另外，进食时尽可能不要咳嗽、打喷嚏、打呵欠、擤鼻涕，万一不能抑制，要用手帕、餐巾纸遮挡口鼻，转身，脸侧向一方，低头，尽量压低声音。

（4）敬酒礼仪。

宴会上互相敬酒，能表示友好、活跃气氛，但切勿饮酒过量。作为主宾参加宴会，一定要懂得宴会上祝酒的礼节，了解对方祝酒的习惯，为何人祝酒、何时祝酒等，以便做必要的准备。碰杯时，主人和主宾先碰杯，人多时可举杯示意，不一定碰杯。祝酒时不要交叉碰杯。在主人和主宾祝酒时，应暂停进餐，停止交谈，注意倾听，且不应借此机会抽烟。主人和主宾讲完话与上席人员碰杯后，往往要到其他各桌敬酒，客人应起立举杯，碰杯时，要目视对方致意。

如果你不善于饮酒，当主人或别的客人向你敬酒时，可以婉言谢绝；如主人请你喝一些酒，则不应一味推辞，可选些淡酒或饮料，喝一点作为象征，以免扫兴。宴会饮酒切忌猜拳行令。

（5）中途道别的礼仪。

客人在席间或在主人没有表示宴会结束前离席是不礼貌的。如果席间就已经准备中途告别，最好在宴会开始之前就向主人说明理由并表示歉意，届时向主人打个招呼便可悄悄离去。如临时有事需要提早告别，同样应向主人说明理由，并表示歉意。但值得注意的是，中途道别应选好时机，不要选择在席间有人讲话时或刚讲完话之后。这容易让人误以为告辞者对讲话者不耐烦。最好的告别时机是在宴会告一段落时，如宾主之间相互敬了一轮酒或客人均已用完饭后。

2. 西餐宴会必须符合礼仪

随着经济全球一体化的不断发展、对外交流的日益增加,参加西餐宴会必不可少。吃西餐时,座位的排列、餐具的使用和用餐方法必须符合西餐礼仪。

安排座位的礼仪

西餐座位比较讲究礼仪。非正式宴会座位安排遵守女士优先的原则,男士要主动为女士移动椅子让女士先坐,坐右座、靠墙靠里坐。不管正式宴会还是非正式宴会,入座或离座均应从座椅的左侧走为宜。正式宴会以国际惯例为依据,桌次的高低依距离主桌位置的远近而定,右高左低,桌次较多时一般摆放桌次牌。吃西餐均使用长桌,同一桌上座位的高低以距主人座位的远近而定。西方习俗是男女交叉安排,以女主人的座位为准,主宾坐在女主人的右上方,主宾夫人坐在男主人的右上方。

用餐的礼仪

(1)餐具礼仪。

西餐宴席上使用的餐具主要是刀、叉、匙、盘、碟、杯等。餐具一般在就餐前都已摆好。放在每人面前的是食盘或汤盘。盘居中,左边放叉、右边放刀。刀叉的数目与菜的道数相当。一般是左手拿叉,右手拿刀。拿叉的姿势是用左手拇指、食指、中指拿住叉。拿刀的姿势是用右手食指压在刀背上,其余手指拿住刀把。使用刀叉的顺序是按上菜的顺序,由外至里排列。吃鱼、肉、菜的刀叉都有区别，盘子上方放匙，小匙吃冷饮，大匙喝汤用。再上方为酒杯，从左到右排成一排，顺序由小到大，分别用于饮各类酒。面包碟放在匙的左方，匙的右方是黄油碟，碟内有专用小刀。如果你暂时不会用西式餐具没关系，跟着主人或他人学就行了。叉子若不与刀并用，可用右手持叉取食。右手持刀时，则用左手持叉。进餐期间，刀叉尽量不要发出声音。如临时离座，刀叉在盘内摆成"八"形，表示尚未用完。用毕，并排横斜放盘内，柄朝右。

（2）用餐时的行为举止。

参加正式西餐宴会一定要注意仪容仪表和行为举止，符合礼仪要求。最得体的入座方式是从左侧入座。当椅子被拉开后，身体在几乎要碰到桌子的距离站直，领位者会把椅子推进来，腿弯碰到后面的椅子时，就可以坐下来。用餐时的姿势要优雅大方，坐姿端庄稳重，腰背挺直，上臂和背部要靠到椅背，腹部和桌子保持约一个拳头的距离，不要跷起小腿，手要放在膝盖上，不要把胳膊支在桌子上。取食时不要站立起来，坐着拿不到的食物应请别人传递。用餐时打嗝是最大的禁忌，万一发生此种情况，应立即向周围的人道歉。另外，在进餐过程中，不要解开纽扣或当众脱衣。如主人请客人宽衣，男客人可将外衣脱下搭在椅背上，不要将外衣或随身携带的物品放在餐台上。在餐桌边化妆，或用餐巾擦鼻涕，都是不礼貌的行为。

（3）就餐时的礼仪。

小雅约李凯来参加自己举办的西餐宴会。在就餐时李凯发现有根鱼骨头塞在牙缝中，让他不舒服。李凯心想，用手

第七章 餐饮舞会，餐桌上将优雅做到极致

去掏太不雅了，所以就用舌头舔，舔也舔不出来，还发出喷喷喳喳的声音，好不容易将它舔出来，就随手放在餐巾上。之后他在吃虾时又在餐巾上吐了几口虾壳。小雅对这些不太计较，可是李凯想打喷嚏，就拿起餐巾遮嘴，用力打了一声喷嚏后，餐巾上的鱼刺、虾壳随着风势飞出去，其中的一些飞落在小雅和其他宾客的盘子里，这下小雅有些不高兴了。接下来，小雅的话也少了许多，其他宾客的饭也没怎么吃。

就餐时，每次送入口中的食物不宜过多，在咀嚼时不宜说话，更不可主动与人谈话。对自己不愿吃的食物也应要一点放在盘中，以示礼貌。有时主人劝客人添菜，如有胃口，添菜不算失礼，相反主人也许会引以为荣。饮酒干杯时，即使不喝，也应该将杯口在唇上碰一碰，以示敬意。当别人为你斟酒时，如不要，应以手稍盖酒杯，表示谢绝。在用餐过程中自己够不着的调味品，可以请别人帮忙递过来，我们也可应别人的要求传递给他们，传递要用右手。吃鱼、肉等带刺或骨的菜肴时，不要直接外吐，可用餐巾捂嘴轻轻吐在餐巾上再放入盘内。如盘内剩余少量菜肴时，不要用叉子刮盘底，更不要用手指相助食用，应以小块面包或叉子相助食用。吃面条时要用叉子先将面条卷起，然后送入口中。进食时，骨头、肉屑、果皮等应放在食盘的右角。果核则吐在餐巾纸里，不可随便抛在桌上或地上。

（4）洗手碟的使用。

吃西餐应特别注意洗手碟的使用。凡是上一道用手取食的食品，如鸡、龙虾、水果等，通常会同时送上一个洗手碟，水里放置玫瑰花瓣或柠檬片，但它不是饮料，而是西餐讲究的洗指

碗，置于左上方，把手指浸入水中，轻轻洗一下，然后用餐巾擦干净。

（5）喝咖啡的礼仪。

端拿咖啡杯时，不要用手指穿过杯耳，也不要双手握杯，而是用拇指和食指捏住杯把儿。喝咖啡时不要大口吞咽，更不能发出响声。添加咖啡时，不要把咖啡杯从咖啡碟中拿起来。给咖啡加糖时，要用匙舀取砂糖，直接加入杯内。如果加入方糖，应先用糖夹子夹至咖啡碟的近身一侧，再用咖啡匙把方糖放入杯内。饮用咖啡时，咖啡匙应放在杯盘上，而不能留在杯内，也不能用咖啡匙舀着咖啡一匙一匙地慢慢喝。若咖啡太烫，应等其自然冷却后再饮用，千万不要用嘴去把咖啡吹凉。

3. 吃西餐的基本礼仪

用刀叉吃有骨头的肉

吃有骨头的肉时，可以用手拿着吃。若想吃得更优雅，还是用刀较好。用叉子将整片肉固定（可将叉子朝上，用叉子背部压住肉），再用刀沿骨头插入，把肉切开。最好是边切边吃。

必须用手吃时，会附上洗手水。当洗手水和带骨头的肉一起端上来时，意味着请用手吃。用手指拿东西吃后，将手指放在装洗手水的碗里洗净。吃一般的菜时，如果把手指弄脏，也可请侍者端洗手水来，注意洗手时要轻轻地洗。

第七章 餐饮舞会，餐桌上将优雅做到极致

吃面包可蘸调味汁

吃到连调味汁都不剩，是对厨师的礼貌。注意不要把面包盘子舔得很干净，而要用叉子叉住已撕成小片的面包，再蘸一点调味汁来吃，是雅观的做法。

用餐巾内侧擦拭

弄脏嘴巴时，一定要用餐巾擦拭，避免用自己的手帕。用餐巾的内侧来擦，而不是弄脏其正面，是应有的礼貌。手指洗过后也是用餐巾擦的。若餐巾脏得厉害，请侍者重新更换一条。

凡事由侍者代劳

在一流餐厅里，客人除了吃以外，诸如倒酒、整理餐具、捡起掉在地上的刀叉等事，都应让侍者去做。

聊天切忌大声喧哗

在餐厅吃饭时就要享受美食和社交的乐趣，沉默地各吃各的会很奇怪。但旁若无人地大声喧哗，也是极失礼的行为。音量要小心保持对方能听见的程度，别影响到邻桌。

中途离席时将餐巾放在椅子上

万不得已要中途离席时，最好在上菜的空档，向同桌的人打声招呼，把餐巾放在椅子上再走，别打乱了整个吃饭的程序和气氛。吃完饭后，只要将餐巾随意放在餐桌即可，不必特意叠整齐。

任意选择乳酪

高级餐厅上甜点之前，会送上一个大托盘，摆满数种乳酪、饼干和水果，挑多少种都可以，但以吃得下的范围为准。

叉子和汤匙吃甜点

上甜点时大都会附上汤匙和叉子。冰激凌之类的甜点容易滑

动,可用叉子固定并集中,再放到汤匙里吃。大块的水果可以切成一口的大小,再用叉子叉来吃。

如何招呼侍者

侍者会经常注意客人的需要。若需要服务,可用眼神向他示意或微微把手抬高,侍者会马上过来。如果对服务满意,想付小费时,可用签账卡支付,即在账单上写含小费在内的总额再签名。最后别忘记口头致谢。

西餐点菜法

西餐在菜单的安排上与中餐有很大不同。以举办宴会为例,中餐宴会除近10种冷菜外,还要有热菜6~8种,再加上点心甜食和水果,显得十分丰富。而西餐虽然看着有六七道,似乎很繁琐,但每道一般只有一种,下面我们就将其上菜顺序作一简单介绍,希望对您初到西餐厅点菜时能有所帮助。

(1)头盘。

西餐的第一道菜是头盘,也称为开胃品。开胃品的内容一般有冷头盘或热头盘之分,常见的品种有鱼子酱、鹅肝酱、熏鲑鱼、鸡尾杯、奶油鸡酥盒、焗蜗牛等。因为是要开胃,所以开胃菜一般都具有特色风味,味道以咸和酸为主,而且数量较少,质量较高。

(2)汤。

与中餐有极大不同的是,西餐的第二道菜就是汤。西餐的汤大致可分为清汤、奶油汤、蔬菜汤和冷汤等4类。品种有牛尾清汤、各式奶油汤、海鲜汤、美式蛤蜊汤、意式蔬菜汤、俄式罗宋汤、法式焗葱头汤。冷汤的品种较少,有德式冷汤、俄式冷汤等。

第七章 餐饮舞会，餐桌上将优雅做到极致

（3）副菜。

鱼类菜肴一般作为西餐的第三道菜，也称为副菜。品种包括各种淡水、海水鱼类、贝类及软体动物类。通常水产类菜肴与蛋类、面包类、酥盒菜肴品均称为副菜。因为鱼类等菜肴的肉质鲜嫩，比较容易消化，所以放在肉类菜肴的前面，叫法上也和肉类菜肴主菜有区别。西餐吃鱼菜肴讲究使用专用的调味汁，品种有鞑靼汁、荷兰汁、酒店汁、白奶油汁、大主教汁、美国汁和水手鱼汁等。

（4）主菜。

肉、禽类菜肴是西餐的第四道菜，也称为主菜。肉类菜肴的原料取自牛、羊、猪等各个部位的肉，其中最有代表性的是牛肉或牛排。牛排按其部位又可分为沙朗牛排（也称西冷牛排）、菲利牛排、T骨型牛排、薄牛排等。其烹调方法常用烤、煎、铁扒等。肉类菜肴配用的调味汁主要有西班牙汁、浓烧汁精、蘑菇汁、白尼斯汁等。

食类菜肴的原料取自鸡、鸭、鹅，通常将兔肉和鹿肉等野味也归入禽类菜肴。禽类菜肴品种最多的是鸡，有山鸡、火鸡、竹鸡，可煮、可炸、可烤、可焖，主要的调味汁有黄肉汁、咖喱汁、奶油汁等。

（5）蔬菜类菜肴。

蔬菜类菜肴可以安排在肉类菜肴之后，也可以与肉类菜肴同时上桌，所以可以算为一道菜，或称之为一种配菜。蔬菜类菜肴在西餐中称为沙拉。与主菜同时服务的沙拉，称为生蔬菜沙拉，一般用生菜、西红柿、黄瓜、芦笋等制作。沙拉的主要调味汁有醋油汁、法国汁、奶酪沙拉汁等。

社交与礼仪

沙拉除了蔬菜之外,还有一类是用鱼、肉、蛋类制作的,这类沙拉一般不加味汁,在进餐顺序上可以作为头盘食用。

还有一些蔬菜是熟食的,如花椰菜、煮菠菜、炸土豆条。熟食的蔬菜通常是与主菜的肉食类菜肴一同摆放在餐盘中上桌,称之为配菜。

(6)甜品。

西餐的甜品是主菜后食用的,可以算作是第六道菜。从真正意义上讲,它包括所有主菜后的食物,如布丁、煎饼、冰激凌、奶酪、水果,等等。

(7)咖啡、茶。

西餐喝酒的方法

西餐的最后一道是上饮料,咖啡或茶。饮咖啡一般要加糖和淡奶油,茶一般要加香桃片和糖。

酒类服务通常是由服务员负责将少量酒倒入酒杯中,让客人鉴别一下品质是否有误。只需把它当成一种形式,喝一小口并回答好即可。侍者会来倒酒,这时,不要动手去拿酒杯,而应把酒杯放在桌上由侍者去倒。

正确的握杯姿势是用手指轻握杯脚。为避免手的温度使酒温增高,应用大拇指、中指和食指握住杯脚,小指放在杯子的底台固定。

喝酒时绝对不能吸着喝,而是倾斜酒杯,像是将酒放在舌头上似的喝。轻轻摇动酒杯让酒与空气接触以增加酒味的醇香,但不要猛烈摇晃杯子。

此外,一饮而尽、边喝边透过酒杯看人、拿着酒杯边说话边喝酒、吃东西时喝酒、口红印在酒杯沿上等,都是失礼的行为。

不要用手指擦杯沿上的口红印，用面巾纸擦较好。

吃沙拉的礼仪

沙拉的吃法：将大片的生菜叶用叉子切成小块，如果不好切可以刀叉并用。一次只切一块，不要一下子将整碗整盘的沙拉都切成小块。

如果沙拉是一大盘端上来则使用沙拉叉。如果和主菜放在一起则要使用主菜叉来吃。

如果沙拉是主菜和甜品之间的单独一道菜，通常要和奶酪和炸玉米片等一起食用。先取一两片面包放在你的沙拉盘上，再取两三片玉米片。奶酪和沙拉要用叉子食用而玉米片则用手拿着吃。

如果主菜沙拉配有沙拉酱，不要将整碗的沙拉都拌上沙拉酱，先将沙拉酱浇在一部分沙拉上，吃完这部分后再加酱。直到加到碗底的生菜叶部分，这样浇汁就容易多了。

西餐中吃蔬菜的礼仪

如果要吃的芦笋菜中有汤汁，先切成小块，再用刀叉食用。如果芦笋很大而且需要蘸汁，先把头切下，然后分开来食用，以防止滴汁和掉渣。也可以用手拿着茎柄，蘸汁吃。对于小的芦笋完全可以用手拿着蘸汁食用。

除做沙拉吃以外，西红柿都可以用手拿着吃。挑个小点的，正好放入嘴中，不要张嘴咀嚼，因为这样汁液会溅出来，要把嘴唇闭紧。如果盘中只有一个大的西红柿，用牙轻轻将皮剥掉，先咬下一半，慢慢吃完再吃另一半。

鲜玉米棒大多是在非正式场合吃的，可以先把它掰成两半，以便好拿，值得注意的是，在上面一次不要抹撒太多的黄油或调料。横着吃还是转圈吃，自己选取，两种方法都行。先集中数排或一部分抹黄油，撒盐。吃完后再换地方，这样你的手和面部就不会过多沾染调料。

土豆片和土豆条是用手拿着吃的。除非土豆条里有汁，那样的话要使用叉子。小土豆条也可拿着吃，但用叉会更好。如果土豆条太大，不好取用，就用叉子叉开，不要挂在叉上咬着吃。把番茄酱放在盘子边上，用手拿或用叉子叉着小块蘸汁吃。烤土豆在食用时往往已被切开。如果没有用刀从上部切入，用手或叉子将土豆掰开一点，加入奶油或酸奶、奶油和小青葱、盐和胡椒粉，每次加一点，可以带皮食用。

西餐中水果怎么吃

在宴席上，要用手拿取苹果或梨，放在盘里。你可以用螺旋式将其削皮。如果说这样做很难的话，就将水果放在盘上，先切成两半，再去核切块，然后用叉或水果刀食用。如果场合更加随便点的话，你可以用手拿着吃。

带壳的鳄梨需要用勺来吃，如果切成片装在盘子里或拌在沙拉里，要用叉子吃。

如果是在餐桌上吃香蕉，要先剥皮，再用刀切成段，然后用叉子叉着吃。

鲜无花果作为开胃品与五香火腿一起吃时，要用刀叉连皮一起吃下。若上面有硬杆，用刀切下（否则会嚼不动）。作为饭后甜食吃时，要先把无花果切成四半，在桔汁或奶油中浸泡后，用刀叉食用。

吃柚子时，要先把它切成两半，然后用茶匙或尖柚子匙挖出食用。在非正式场合，可以把柚子汁小心地挤到茶匙中。剥橙

第七章 餐饮舞会，餐桌上将优雅做到极致

子皮有两种方法，两者都要使用尖刀。方法一：螺旋式剥皮；方法二：先用刀切去两端的皮，再竖直将皮一片片切掉。剥皮后，可以把橙肉掰下来。如果掰下的部分不大，可一口吃掉；如果太大，要使用甜食刀叉先切开后食用。如果橙子是切好的，也可以像吃柚子那样使用柚子匙或茶匙挖着吃。吃桔子要先用手剥去皮再一片一片地吃，如果是白色覆盖膜很厚的时候，还需要把膜去掉。

对于无籽葡萄没什么讲究，一粒粒地吃就行。若葡萄有籽，要把葡萄放入口中嚼食肉质，然后把籽吐到手中。要想容易地剥去葡萄皮，则要持其茎部放在嘴边，用中指和食指将肉汁挤入口中，最后把剩在手中的葡萄皮放在盘里。

吃芒果，要先用锋利的水果刀纵向切成两半，然后再切成四分之一半。用叉子将每一块放入盘中，皮面朝上，并剥掉芒果皮。你也可以像吃鳄梨那样用勺挖着吃。如把芒果切成两半，挖食核肉，保留皮壳。吃木瓜像吃鳄梨和小西瓜一样，先切成两半，抠出籽，然后用勺挖着吃。

如果是吃桃李，则应将桃李先切成二分之一半，再切成四分之一半，用刀去核。皮可以剥下来，但如果带着皮切成小块，用甜食刀叉食用也是不错的。

吃柿子有两种方法：一是先切成两半，然后用勺挖出柿肉；二是将柿子竖直放在盘中，柄部朝下，切成四块，然后再借助刀叉切成适当大的小块。食用时将柿核吐在勺中，放到你的盘子的一边。不要吃柿子皮，因为太苦太涩。

吃菠萝（果肉）很简单，始终使用刀和叉来食用菠萝片即可。

吃草莓可以用手拿着柄部，蘸着白砂糖（自己盘中的）整个

吃。然后将草莓柄放入自己的盘里。如果草莓是拌在奶油里的，当然要使用勺子。

切成块的西瓜一般用刀和叉来吃，吃进嘴里的西瓜籽要及时清理，并吐在紧握的手中，然后放入自己的盘子。

浆果、樱桃吃法很多，你可视情况而定，一般来说，吃浆果时，不管有无奶油，都要用勺子；吃樱桃要用手拿，将樱桃核文雅地吐在紧握的手中，然后放入自己的盘子。

肉类料理排餐的吃法

（1）从左边开始切。

法国料理中所使用的肉有牛、猪、羊、鸡、鸭等等，种类相当多，又依调理方式分为烧、烤、蒸、煮等各式各样。一打开菜单，烤小羊排、烤鸭、焖牛肉等等各样的肉类料理名称琳琅满目地排列在一起，而且吃法千奇百样，令人垂涎三尺。

首先必须记住的是排餐的用餐方法。排餐可说是自古至今的肉类料理代表，排餐的吃法自然也就成为其他肉类料理的基本形式，所以最好下点功夫研究。点用牛排时，首先服务生会询问烧烤程度，可依你所喜欢的料理方式供应。

用餐时，以叉子从左侧将肉叉住，再用刀沿着叉子的右侧将肉切开，如切下的肉无法一口吃下，可直接用刀子再切小一些，切开刚好一口大小的肉，然后直接用叉子送入口中。

（2）重点在于利用刀压住肉时的力度。

为了轻松地将肉切开，首先就要松肩膀，并确实用叉子把肉叉住。再以刀轻轻地慢慢地前后移动。用力点是在将刀伸出去的时候，而不是将刀拉回时。

（3）将取得的调味酱放在盘子内侧。

点排餐时，会附带一杯调味酱。在正式的场合中，调味酱应是自行取用，而不是麻烦服务生。

首先将调味酱钵拿到盘子旁边，以汤勺取酱料时要注意不要滴到桌巾。调味酱不可以直接淋在牛排上，应取适当的量放在盘子的内侧，再将肉切成一口大小蘸酱料吃。

调味酱的量约以两汤匙为最适量。取完调味酱后，将汤勺放在调味酱钵的侧边，并传给下一个人。

（4）不可一开始就将肉全部切成一块一块的，否则好吃的肉汁就会全部流出来了。

如果用叉子叉住肉的左侧却从肉的右侧开始切，会很难将肉切开。因左手拿叉子，所以从左侧开始切才是基本。

4. 舞会上的礼仪

舞会的准备

社会组织或个人要办好一场舞会，就必须要做好充分的准备工作，这是舞会能否成功的重要保证。在举办一般性的社交舞会时，应当注意的主要问题有如下方面：

（1）时间。

举办舞会，首先必须选择适当的时间。举办舞会的时间问题上，实际上又涉及下述两点：

①时机。举办任何一场舞会，都要"师出有名"，为其找到一个恰当的名义，如庆祝生日、纪念结婚、晋职升学、欢度佳

节、款待贵宾，等等。换而言之，碰上这些情况时，便是举办舞会的最佳时机。在一般情况下，周末和节假日，也非常适宜举办舞会。

②时长。确定一次舞会的具体时长，应当兼顾各种因素。但是其中最重要的，一是不要令人过度疲劳，二是不要有碍工作和生活。在正常情况下，舞会最适合于傍晚开始举行，并以不超过午夜为好。其最佳的时长，通常被认为是2~4小时。

（2）场所。

舞会的场所问题，具体来说又分为举办地点与舞池选择两个方面。

依照常规，举办小型舞会，可选择自家的客厅、庭院，或是公园、广场。而举办大型舞会，则宜租借单位的俱乐部，或是营业性的舞厅。舞会场所除了应有一个是足够跳舞的舞池以外，还应有衣帽间、饮料室和停车场。

舞池，一般是指在舞会举办地点之内专供跳舞的地方。在举办大型、正式的舞会时，对于舞池的选择与布置，必须考虑周到。其中有五个细节必须高度重视：

①舞池的大小应当适度，最好与跳舞的总人数大致般配。

②舞池的地面一定要干净平整，若其过脏、过滑、过糙，都会有碍于跳舞。

③舞池的灯光应当正常，并且在柔和之中又有所变化。若其"失明"，或是过强、过弱，都不甚合适。

④舞池的音响需要认真调试，音量要适度，切勿噪声扰人。

⑤舞池的周围最好设置足够的桌椅，供跳舞者在舞会期间休息之用。

第七章 餐饮舞会，餐桌上将优雅做到极致

（3）曲目。

舞曲是舞会的导向。在为舞会选择舞曲曲目时，主要应考虑以下方面：

①从众。选择舞曲最宜符合大多数人的需要，一般来说，最好选择众人熟悉的，节奏鲜明、清晰，旋律优美、动听的曲目作为舞曲。

②交错。在播放中，曲目的安排应当"快""慢"结合，穿插有致，可将不同国家、不同风格、不同节奏的曲目穿插在一起，使舞曲时而婉转抒情，时而热烈奔放，使人身心愉快，享受其中。

③适量。在正式的舞会上，最好提前将选好的舞曲印成曲目单，届时发给人手一份。曲目单上所列的舞曲总数，应与舞会的所定时间相呼应，并且不得随意增减改动。跳舞者一看曲目单上的舞曲数量，便对舞会的时间长度有所了解了。

④依例。选择舞曲曲目，还须遵守约定俗成的惯例。比如，一般的舞会均以《友谊地久天长》等作为最后一支舞曲。此曲一经演奏，等于是在宣布"舞会到此结束"。

（4）来宾。

根据舞会举办的规模，对于舞会的来宾，组织者要做的主要工作有约请、限量、定比等。

①约请。确定舞会参加者名单后，即应尽早以适当的方式，向对方发出正式邀请。在常用的口头邀请、电话邀请、书面邀请等几种方式中，书面邀请最为正规。一般情况下，请帖最好在舞会举行的一周之前发出。

②限量。舞会的来宾绝非多多益善。来宾过多，不仅会在现

场造成拥挤，使舞者难以尽兴，而且还有可能影响安全。因此，在筹办舞会时，必须以舞池面积为重要依据，规定参加者的具体数量，并予以认真掌握。

③定比。在较为正式的社交舞会上，相邀共舞之人不应当是同性，而必须是异性。要做到这一点，舞会的组织者就要采取一切可行的具体措施，以保证舞会的全体参加者在总量上，做到男女比例大致相仿，基本上各占一半。

（5）接待。

要确保舞会的顺利进行，在主人一方，还有一些具体的接待工作需要认真做好。其中较为重要的工作，是要确定舞会的主持人、招待员，并且准备好适量的茶点。

①主持。较为正式的舞会上，通常需要由一位经验丰富、具有组织才能的人士充当舞会主持人。在一般情况下，主持人应由女士担任。在家庭舞会上，女主人则是其最佳人选。主持人的主要任务，是要注意控制、调整场内的情绪，使舞会始终保持欢快、热烈的气氛。

②招待。在可能的情况下，主人一方还须组织一支精明强干的招待人员队伍。他们应由青年男女组成，并穿着统一的服装，或佩戴统一的标志。他们的职责，一是迎送接待来宾，二是为来宾提供必要的服务，三是邀请单身前来的嘉宾共舞，四是为遭到异性纠缠的客人"排忧解难"。

③茶点。在时间较长、较为正式的大型舞会上，主方应为来宾提供适量的饮料、点心和果品，以供选用。提供茶点的具体方式，可以是按桌定量供应，也可以是宾主两厢方便的自助式。

第七章 餐饮舞会，餐桌上将优雅做到极致

舞会的着装要求

舞会着装是舞会礼仪的一项重要事项，它既反映出自己的素养，也能体现出对他人的尊重。根据家庭舞会与公众舞会的不同，对着装应注意如下方面：

如果是亲朋好友在家里举办的小型生日舞会等活动，要选择与舞会的氛围协调一致的服装。女士则最好穿便于舞动的裙装或穿旗袍，搭配色彩协调的高跟皮鞋。

作为男士，一定要头发干净，衣着整洁。一般的舞会可以穿深色西装，如果是夏季，可以穿淡色的衬衣，打领带，最好穿长袖衬衣。

如果应邀参加的是大型正规的舞会，或者有外宾参加，这时的请柬会注明：请着礼服。接到这样的请柬一定要提早做准备，女士的礼服在正式的场合要穿晚礼服。有条件经常参加盛大晚会的女士应该准备晚礼服，偶尔用一次的可以向婚纱店租借。近年也有穿旗袍改良的晚礼服，既有中国的民族特色又端庄典雅，适合中国女性的气质。

小手袋是晚礼服的必须配饰。手袋的装饰作用非常重要，缎子或丝绸做的小手袋必不可少。

穿着晚礼服一定要佩戴首饰。露肤的晚礼服一定要佩戴成套的首饰，如项链、耳环和手镯。晚礼服是盛装，因此最好要佩戴贵重的珠宝首饰，在灯光的照耀下，首饰的光闪会为你增添光彩。

男士的礼服一般是黑色的燕尾服，黑色的漆皮鞋。正式的场合还须戴白色手套。

社交与礼仪

女性舞会礼仪装扮

舞会是现代社会交往的重要形式之一,是高雅的社交娱乐活动,可以结识朋友、加深友谊、消除疲劳、陶冶性情,因此,舞会吸引着社会各阶层人士。那么,参加舞会的女性该如何装扮呢?

虽说平时女性打扮应以淡雅为主,但是,由于舞会上的灯光一般都较幽暗,因此女性化妆不妨浓一些,这样才能出彩。

发型应以清丽自然为原则,不要喷过多的发胶或将头发做成不自然的花形。

在首饰的佩戴上可多下些功夫,以配合热闹的舞会气氛。白天太耀眼的金属首饰用在晚间反而恰到好处。此外,手镯、别针都能衬托清新活泼的少女气质。

穿戴打扮完毕,可适当洒些香水,使舞会中的你显得芬芳高贵。

参加舞会的注意事项

参加舞会是一种高雅的社交活动。它可以增进人们的交往,丰富人们的业余生活,陶冶性情,联络感情。那么在舞会上应该注意哪些事情呢?

(1)身体状况。

如果身体不适,不可带着病倦的身体勉强参加舞会,特别是有传染病的人更不可进舞场。这样,不仅影响自己的休息,不利于早日康复,而且还容易传染疾病。这是很不道德,很不礼貌的行为。

(2)初学须知。

刚学跳舞的朋友,下舞场前最好多学几种舞步,否则影响别

第七章 餐饮舞会，餐桌上将优雅做到极致

的舞伴跳舞。只有多学几种舞步，下舞场时才能双方配合协调，跳起来都会感到轻松、愉悦。不要在舞场学舞步，这会影响对方的情绪。

（3）语言交谈。

跳舞时男女双方比较熟悉，可以小声地交谈，声音小到不影响其他舞伴为好。对不熟悉的舞伴，不可问长问短，闲聊不止。如果遇到一对密谈的舞伴，我们就应立即离开。舞伴之间有什么重要事最好在休息时找地方谈，不可舞场上争论不休、大声喧哗、高谈阔论。

如果有事找人，不可直穿舞场，应绕道而行，更不可在音乐进行中就把人从舞池中拉出来。这会使人尴尬，是公关场合中很不礼貌的行为。

（4）有张有弛。

舞会应该是有张有弛，跳0.5～1小时，不妨休息几分钟，放几支悠扬缓慢的曲子，给大家一个休息交谈的机会。

（5）舞会要有所控制。

不能在舞场上出风头，捉住舞伴不放，让其他舞伴无可奈何。

（6）要尊重主人为舞会所做的一切安排。

不管当面还是背后，都不要对舞会安排进行批评或讽刺。不要随便要求改动舞会的既定计划程序，凭个人兴趣和愿望要求临时改换舞曲，或要求延长舞会的时间。

（7）同性之间切忌争风吃醋。

不要为了在异性面前逞强，或受不良情绪指使，对同性过分尖酸刻薄。不要存心让对方丢人现眼，或是不允许他人在某些方

面超过自己。男士不要与别人争抢舞伴,对于其他男士邀请自己的女伴,要表现得宽容大度。女性不要容不得其他女士长得、穿得比自己漂亮,舞跳得比自己好,被邀请的次数比自己多,而说些有失风度的话,与舞场的氛围格格不入。

(8)异性之间要自重自爱。

不要低三下四地献殷勤。不要跟刚结识的异性乱开玩笑,说话要注意分寸。不要自作多情地主动提出护送对方回家,或是一厢情愿地要求对方护送自己回家。请注意:舞场上撒娇发嗲和浅薄轻浮都是要不得的,稍有不慎,吃亏的还是自己。

舞会的基本礼仪

舞会是一种既有娱乐性,又有很强的社交性的外来文化。舞会的基本礼仪要求有如下方面:

参加舞会时仪表、仪容要整洁大方,尽量不吃葱、蒜、醋等带强烈刺激气味的食品,不喝烈性酒,不大汗淋漓或疲惫不堪地进入舞场。患有感冒者不宜进入舞场。尚不会跳舞者最好不在舞场现学现跳,应当待学会后再进舞池。

一般情况下,男士应主动有礼貌地邀请女士;如果是上下级的关系,不论男女,下级都应主动邀请上级,跳舞时舞姿要端庄,身体保持平、直、正、稳,切忌轻浮鲁莽,男士动作要轻柔文雅,不宜将女士拢得过紧、过近,万一触碰了舞伴的脚部或冲撞了别人,要礼貌地向对方颔首致歉;一曲终了,方可停舞。男舞伴应送女舞伴至席位,并致谢意,女士应点头还礼。除此之外,还应讲究文明礼貌,维护舞场秩序,不吸烟,不乱扔果皮,不高声谈笑,不随意喧哗,杜绝一切粗野行为。

第七章　餐饮舞会，餐桌上将优雅做到极致

邀舞的礼仪

一个注意社交的人，交谊舞是一门不可缺少的"必修课"。参加交谊舞会，在向别人邀舞时必须注意的礼仪主要有以下几点：

男女即使彼此互不相识，但只要参加了舞会，通常则由男士主动去邀请女士共舞。

邀舞时，男士应步履庄重地走到女士面前，微微躬身，彬彬有礼地摊开右手，不需言语，但有时也可轻声微笑说："请您跳舞。"

当你有意邀请一位素不相识的女性跳舞时，必须先认真观察她是否已有男舞伴。如有，一般不宜前去邀请，以免发生误解。

如果是女方邀请男伴，男伴一般不得拒绝。音乐结束后，男伴应将女伴送到其原来的座位，待其落座后，说一声："谢谢，再会！"然后方可离去，切忌在跳完舞后，不予理睬。

邀请者的表情应谦恭自然，不要紧张和做作，以致别人反感。但更不能流于粗俗，如叼着香烟去请人跳舞，这将会影响舞会的良好气氛。

拒舞的礼仪

在舞会上，邀请者固然应彬彬有礼，但受邀者也应落落大方，表现出良好的素养。如果决定拒绝别人邀请共舞，应注意礼仪。

一般情况下，女士不应拒绝男士的邀请。如万不得已决定谢绝，必须态度和蔼，表情亲切地说："对不起，我累了，想休息一下。"或者说："我不大会跳，真对不起。"对方当然心领神会，不会强邀蛮缠。

社交与礼仪

如果女士已经答应和别人跳这场舞,应当向男士表示歉意说:"对不起,已经有人邀我跳了,等下一次吧。"

已经婉言谢绝别人的邀请后,在一曲未终了时,女士不应同别的男士共舞,否则会被认为是对前一位邀请者的蔑视,是很不礼貌的表现。

当女士拒绝一位男士的邀请后,如果这位男士再次前来邀请,在确无特殊情况的条件下,女士应答应与之共舞。

当两位男士同时去邀请一位女士共舞时,从国际礼仪的角度考虑不难解决,女士面对两位或者两位以上的邀请者,最能顾全他们面子的做法,是全部委婉的谢绝。

涉外舞会的礼仪

参加涉外舞会的礼节比较讲究,需要认真了解并正确掌握:

(1)要注意服饰和仪容的美观大方。

在一定场合中,服饰和仪容,体现出人的礼貌修养与精神风貌。男士应西服革履、庄重得体,女士应长裙飘逸、靓丽美观。无论男女宾客,皮鞋底都要平滑,以免起舞时扭伤脚踝。化妆应注重得体、浓淡相宜。

(2)要注意舞会入舞的程序。

正式的涉外舞会,第一场舞由主人夫妇、主宾夫妇共舞。如果夫人不跳舞,要由成年女儿代替起舞。第二场舞由男主人邀请主宾夫人、男主宾邀请女主人共舞。

(3)要注意邀舞的礼节。

正式舞会上,男宾邀请舞伴时既要主动大方,又要彬彬有礼。如果一位女士正和一位男士坐在一起交谈,另外的男士最好不要请她共舞。如果她单独坐着,或坐在一群人当中,男士可以过去请她，如有其亲友在场，则应向亲友致意，并征得同意。

（4）与外宾共舞的礼节。

涉外舞会上，如有人将一位女外宾介绍给你，你就必须请她与你跳一次舞。如果自己跳得不好，可以问一问她，是否愿在你身边稍坐一会儿而不去跳舞。如果邀请外宾女士跳舞，可以走到她面前，彬彬有礼地鞠躬，并说："可以请您跟我一起跳舞吗？"如果她接受了邀请，那就迎候她走下舞池；如果她婉言谢绝，你则应说："对不起，打搅了。"作为中方女士，如有外宾邀请，一般不要拒绝，而应落落大方与之共舞。

5. 自然从容不失礼

安排自助餐的礼仪

自助餐，有时亦称冷餐会，它是目前国际上所通行的一种非正式的西式宴会。自助餐之所以称为自助餐，主要是因其可以在用餐时调动用餐者的主观能动性，而由其自己动手，自己帮助自己，自己在既定的范围之内安排选用菜肴。自助餐多以冷食为主，不搞正餐，不上高档的菜肴、酒水，可大大地节约开支，并避免了浪费。

安排自助餐的礼仪，包括用餐时间、就餐地点、食物准备、客人的招待等四个方面的问题。

用餐时间大都被安排在各种正式的商务活动之后，不必进行正式的限定。

就餐地点应注意三点：一是为用餐者提供一定的活动空间。二是提供数量足够的使用的餐桌与座椅。三是使就餐者感觉到就餐地点环境宜人。

在食物方面，以提供冷食为主；为了满足就餐者的不同口味，应当尽可能地使食物在品种上丰富多彩；为了方便就餐者进行选择，同一类型的食物集中在一处摆放。自助餐上所提供的菜肴大致应当包括冷菜、汤、热菜、点、甜品、水果以及酒水等几大类型。

自助餐招待礼仪

招待好客人，是自助餐主办者的责任和义务。要做到这一点，必须特别注意下列环节。

（1）照顾好主宾。不论在任何情况下，主宾都是主人照顾的重点。在自助餐上，也并不例外。主人在自助餐上对主宾所提供的照顾，主要表现在陪同其就餐，与其进行适当的交谈，为其引见其他客人，等等。只是要注意给主宾留下一点供其自由活动的时间，不要始终伴随其左右。

（2）要充当引见者。作为一种社交活动的具体形式。自助餐自然要求其参加者主动进行适度的交际。在自助餐时行期间，主人一定要尽可能地为彼此互不相识的客人多创造一些相识的机会，并且积极为其牵线搭桥，充当引见者，即介绍人。应当注意的是，介绍他人相识，必须了解彼此双方是否有此心愿，而不要一厢情愿。

（3）安排服务者。小型的自助餐，主人往往可以一身二任，同时充当服务者。但是，在大规模的自助餐上，显然是不能缺少专人服务的。在自助餐上，直接与就餐者进行正面接触的，主要是侍者。根据常规,自助餐上的侍者须由健康而敏捷的男性担任。他的主要职责是:为了不使来宾因频频取食而妨碍了同他人所进行的交谈,而主动向其提供一些辅助性的服务。比如:推着装有各类食物的餐车,或是托着装有各种酒水的托盘,在来宾之间巡回走动,而听凭宾客各取所需。或者,还可以负责补充供不应求的食物、饮料、餐具,等等。

享用自助餐的礼仪

所谓享用自助餐的礼仪,在此主要是指在以就餐者的身份参加自助餐时,所需要具体遵循的礼仪规范。一般来讲,在自助餐礼仪之中,享用自助餐的礼仪对绝大多数人而言,往往显得更为重要。其基本礼仪主要有:

(1)排队取菜。大家必须自觉地维护公共秩序,排队选用食物,不容许乱挤、乱抢、乱加塞,更不容许不排队。轮到自己取菜时,用公用的餐具将食物装入自己的食盒之内,然后迅速离去。切勿在众多的食物面前犹豫再三,让身后的人久等,更不应该在取菜时挑挑拣拣,甚至直接下手或以自己的餐具取菜。

(2)循序取菜。取菜的先后顺序应该是:冷菜、汤、热菜、点心、甜品和水果。因此在取菜前,最好先在全场转上一圈,了解情况后,再去取菜。

(3)量力而行。自助餐最大的优点是能随心所欲地选择各色菜肴,但若一味地取用价格昂贵的,或是盘中菜肴明明已经堆积如山了,吃不完又去取菜,取完后还霸占在桌旁不肯离去,甚至为了取食而推挤他人,都是极不礼貌的。在选取食物时,必须量力而行。切勿为吃得过瘾,将食物狂取一通,导致食物浪费。要遵循自助餐的"多次少取"的原则,即多次取菜,每次少取。

此外，搛菜时，不可自整盘菜当中夹取，应从边缘开始夹，而且动作不可粗鲁，以免破坏菜肴放置的形状。

（4）避免外带。在参加自助餐时，一定要牢牢记住这一点，千万不要偷偷往自己的口袋、皮包里装，更不要要求侍者替自己"打包"。

（5）送回餐具。在自助餐上，强调的是用餐者以自助为主。用餐结束之后，自觉地将餐具送到指定之处。

（6）照顾他人。参加自助餐时，须与他人和睦相处。不可以自作主张地为对方代取食物，更不允许将自己不喜欢或吃不了的食物让给对方吃。年轻的男子应为女士服务，替她们端菜；但就女性的立场来说，第一盘可让男士为自己服务，若是从头到尾都像个女王似的，一切让男士服务到底就不可取了。

除此之外，不要将菜取好，就坐在一旁与朋友聊天，或是选好菜后，独自坐在角落自顾自地吃，这些都是不合乎礼貌的行为。进餐时，应选一处较固定的座位，千万不要端着盘四处走动，这样不仅容易撞到别人，食物也极易掉落。出席自助餐，可以中途离去，但不可以不辞而别，那是不礼貌的行为。

第八章　涉外礼仪，国际交往不失大体

　　我国是一个具有悠久历史和文明传统的礼仪之邦，自古以来就倡导"礼治"，将礼义廉耻作为立国之本。在对外交往中，每个人都代表着国家的形象和民族的尊严。因此，作为涉外人员更应该增强礼仪观念、提高礼仪素养。

第八章 涉外礼仪，国际交往不失大体

1. 涉外人员的形象妆容

涉外工作人员的仪容仪表

涉外工作人员要注意个人的形象，给外宾留下良好的印象。

（1）涉外工作人员的仪容、服饰要整洁，头发、胡须、指甲、鼻毛等都要加以修整。

（2）穿西装应系领带，衬衫应塞在裤腰内，袖口不要卷起，内衣裤、衬衣不要露出来。

（3）着装应注意场合，参加正式活动一般应穿深色服装，参加丧葬吊唁活动一般应穿黑色服装。

（4）进入室内应脱大衣以及其他相应饰物，并存放于衣帽间。

（5）在公开场所不能穿背心、拖鞋。

涉外工作人员的言行举止

涉外工作人员的一言一行都代表了国家的形象，因此，对涉外人员举止言行的要求十分严格。

（1）涉外人员的坐姿该应端正，不要跷二郎腿或摇晃双腿，也不要靠在椅背或沙发背上伸直双腿，更不能把脚或腿搭在椅子上，女士坐时不可叉开双腿，站立时不要倚靠墙或柱

（2）在外宾面前，不要修指甲、剔牙、掏鼻孔、擤鼻涕、伸懒腰等，打喷嚏、打呵欠就用手巾捂住嘴、鼻，朝向另一侧，避免发出声音。

（3）在外宾面前讲话应文雅，不可争吵或争论，不可大声呼喊、喧哗或大笑。

（4）在公共场所应注意保持环境卫生清洁，不随地吐痰、不吸烟、不乱扔杂物。

（5）参加活动前，不吃葱、蒜等带刺激味道的食物。

（6）不私自收受外宾礼品，更不可向外宾暗示及索要礼品。

（7）服务要热情周到。遇到自己解决不了的问题时，应主动、及时向有关部门和领导汇报。

（8）谈话要实事求是，不要允诺或答应没有把握的事，但已经答应的事应说到做到。

（9）要注意内外有别，严守国家机密。

（10）参加外事活动要严守时间，不能迟到早退，有特殊事情应事先请假。

涉外工作人员的工作要求

涉外工作是一项重要的工作，要严格要求自己，严谨对待。

（1）在工作中严格遵照上级和政策办事，不掺入个人的兴趣和感情。尽可能避免发表不必要的个人意见。

（2）做事要积极主动，谨言慎行，对工作要有计划地进行，对对方可能提出的问题，要事先做必要的请示。

（3）要严守国家机密，不在外宾面前谈内部问题。除非因为工作关系，否则文件资料、工作日记本等不得随身携带。

（4）未经上级批准，不得自行接受外宾的馈赠，但如果外宾坚持赠送小纪念品时，可先收下，并立即报告上级组织，并把礼品提交组织处理。

第八章 涉外礼仪，国际交往不失大体

（5）工作人员要及时、准确地向上级汇报外宾工作情况和生活要求以及对每种活动与事件的反应。若对外宾反应搁置不理，隐匿不报，是无组织无纪律的表现。

涉外驾驶人员的礼仪

招待外宾时，驾驶人员应热情、主动，以优质的服务礼貌待客。

（1）驾驶人员在每次参加涉外活动前，都要对车辆进行检修，以确保车辆的行驶安全，并事先弄清行驶路线，必要时可事先熟悉路线，仔细观察路上情况，有所准备，以免误时误事。

（2）外宾准备乘车时，驾驶员应将车门打开，并用手示意，防止客人头部碰撞车门上端的车篷。待外宾坐好后再关车门，注意防止夹客人的手足。

（3）如果接待外国代表团，在主宾车上的人员上齐后，前卫车即可开始缓行，以免主宾车等候过久，防止后面的车辆掉队。车辆之间要保持一定的距离。

（4）驾驶人员在未结束当天活动前，不得离车，以确保安全。

2. 涉外活动中的得体应对

尽管涉外礼仪纷繁复杂，但若对其基本礼仪能认真遵守，则可在涉外交往中表现得得心应手，举止有度。

时间礼仪

在跨国家、跨地区的人际交往中，取信于人，既是自我表现

的一种目标,也是奠定交往对象彼此之间的良好关系的基石。信守时间,遵守约会,就是取信于人的一项基本礼仪。

要遵守信守时间的礼仪,重要的是要做好以下几点:

(1)在有关时间的问题上,不可以出尔反尔、含含糊糊、模棱两可。

(2)与他人交往的时间一旦约定,就应毫不含糊地予以遵守,而不宜随便加以变动或取消。

(3)对于双方之间约会的时间,只有"正点"到场才最为得体。早到与晚到,同样都是不正确的做法。

(4)在约会之中,不允许早退。

(5)万一失约,务必要向约会对象尽早通报,解释缘由,并为此而向对方致歉。

公德礼仪

公共场合中,应遵守"不妨碍他人"的社会公德。也就是要求人们在公用的处所里进行活动时,务必要讲究公德,善解人意,好自为之,切勿因为自己的言行举止不够检点,影响或妨碍了当时在场的其他人士,或是因此而使当时在场的其他人士感到别扭、不安或不快。

女士优先

在社交活动中,应遵守"女士优先"的原则。

女士优先这个原则的本意,是要求每一位成年男子,在社交场合里,都要尽自己的一切可能来尊重妇女、体谅妇女、帮助妇女、照顾妇女、保护妇女,并且随时随地、义不容辞地主动挺身而出,替妇女排忧解难。

第八章 涉外礼仪，国际交往不失大体

不得干涉

在相互关系中，要遵守"不得干涉"的礼仪。

不得干涉的意思，是要求在同外国友人打交道的过程中，只要对方的所作所为不危及其生命安全，不违伦理道德，不触犯法律，不损害我方的国格人格，在原则上都可以对之悉听尊便，而不必予以干涉和纠正。遵守不得干涉的礼仪，是对对方尊重的一个重要的体现。

隐私礼仪

在言谈话语中，应遵守"维护个人隐私"的礼仪。

在国外，人们是普遍讲究崇尚个性、尊重个性的。其基本做法，就是主张个人隐私不容干涉。在许多国家里个人隐私受到法律的保护。因此，在跟外国友人打交道时，千万不要没话找话，信口打探对方的个人情况。尤其是发现对方不愿意回答时，就应该适可而止。

位置礼仪

在位置排列中，应遵守"以右为尊"的礼仪。

所谓以右为尊，意即在涉外交往中，一旦涉及位置的排列，原则上都讲究右尊左卑，右高左低。这一国际上所通行的做法，与国内传统的"以左为上"的做法正好相反。

唯独在佩戴勋章时，才有一个例外：勋章通常应被佩戴于左侧的衣襟上。

关于前后的位置排列，情况要复杂一些。不过大体上来说，基本上是讲究以前为尊的。即前尊后卑，前贵后贱，前高后低，前排的位置要较后排的位置尊贵。

3. 外宾的迎送与接待

涉外礼仪是人们在国际交往中形成的一种行为规范。它在一定意义上反映着一个国家的文明、文化和社会风尚。迎送是最常见的社交礼节，这不仅是整个社交活动的开始和结束，而且是对不同身份的外宾表示相应尊重的重要方式。

迎宾的准备

对外国来访的客人，通常要视其身份、访问的性质和目的、国际惯例以及两国关系等因素，安排相应级别的领导人前往机场、车站、码头迎送。各国对外国国家元首、政府首脑的正式访问，往往都举行隆重的迎送仪式。对军方首脑来访也举行一定的欢迎仪式，如安排检阅三军仪仗队等。对其他人员的来访一般不举行欢迎仪式。但对应邀来访的任何代表团，无论官方的或民间的，在他们抵离时，都要安排有关人员前往机场迎送。

按照国际上通常的做法，国宾来访，自入境之时起，其安全保卫的责任，就落在东道国肩上。保护计划包括警察护送、现场控制、近身保卫、食物品尝、交通安全以及其他一切必要的技术和预防性措施。礼宾部门在考虑日程和活动现场的安排时，也应将安全因素考虑在内。

迎接外宾的礼仪

迎送人员如职位较高时，应在机场安排休息室。如果客人首次来访，双方又不认识，可事先联系好或做一特定标识牌，方便

第八章 涉外礼仪，国际交往不失大体

对方辨认。行李票的交接、行李的运输要有专人负责。团长和重要外宾的行李要先取，及时派人传送，方便客人更衣。

迎宾时，客人初次到访，一般较为拘谨，主人应主动与客人寒暄。所以，当客人下机后，迎接人员要主动迎上前去表示欢迎，由礼宾官或迎接人员首先将中方前来欢迎的主要领导介绍给来宾，其他领导可简明扼要地介绍。主要翻译必须时刻紧随中方主要领导和主宾。礼宾官或迎接人员在介绍其他中方领导时要始终照顾好主宾，不要因忙于介绍别人而冷落了主宾。如遇外宾主动与我方人员拥抱时，可做相应表示，不要退却或勉强拥抱。主要领导人与客人握手之后可以献花。

在乘车时，应先请客人从右侧上车，陪同主人再从左侧上车。待外宾与陪同人员全部上车后，再驱车去宾馆。在途中，陪同人员应择机将沿途所见的欢迎标语、人文景观等对外宣传的事物向外宾介绍。重要外宾和大型团体来访，应安排专人、专车提取行李并及时送到客人房间。外宾抵达住处后，不宜马上安排活动，应稍事休息，给对方留下更衣时间。

接待外宾的礼仪

在外宾抵达以前，就应做好充分的准备工作。弄清楚来访外宾或代表团的总人数，是否包括主宾和其他人员的配偶，来访人员的职务、性别、礼宾次序等情况，这些都可请对方事先提供。重要国宾来访，其随访人员中，有正式随行人员和工作人员之分，而正式随行人员中有的还是政府的高级官员。此外，有的国家领导人来访，随行的还有企业家、记者以及专机的机组人员等。这些都应在事先了解清楚，以便由有关单位做好相应的接待准备。

外宾来访期间的住房、坐车、生活起居,要尽量使其舒适、方便、安全,饮食应当可口。住地应当选择在环境优美安静的地段,以便使来宾在繁忙紧张的活动之后得到适当的歇息。国事访问一般以住国宾馆、高级饭店为多,这些地方设备好,服务周到有经验。也有的国家为了讲究礼仪规格而安排来宾住在王宫、别墅等地方。元首住地应升来访国的国旗或元首旗。秘书、译员、近身警卫和服务人员等应住在靠近主宾的房间。对代表团中的高级官员亦应妥善安排。除非不得已的情况,单身汉亦应安排单独房间,而不要安排单身汉两人合住。住房可由东道主安排分配后,再征求客人意见;也可将房间位置图提前交给对方,请对方自行安排。

常年有外宾居住的高级宾馆、饭店,都应把搞好生活接待、不断提高服务质量作为其孜孜不倦的奋斗目标,不但要配备先进的生活设备,而且要有优质的服务。

4. 掌握涉外仪式中的礼仪

在涉外交往中,有关国家的政府、组织或企业单位之间的重要内容就是中外双方举行的各种仪式。因此,掌握仪式中的礼仪是十分必要的。

涉外开幕仪式

(1)确定人员。

开幕式通常由主办单位的负责人主持。隆重的涉外开幕式除

第八章 涉外礼仪,国际交往不失大体

双方有关人员参加外,还可邀请各国驻当地的使节、外国记者出席。如果是高规格的开幕式,东道国的国家领导人往往出席。出席仪式者对题词应事先有准备。

(2)场地及布置。

开幕式一般选在宽敞的场地举行,室内室外均可。会场正面要悬挂开幕式的横幅,隆重的开幕式需悬挂有关各方的国旗。会场周围可插上彩旗。常常要准备好三个话筒,供主持人、致辞人和翻译使用。准备好剪彩用的彩带。有些开幕式现场还应备有签名簿,请领导人和来宾题词或签名留念。

(3)宣布开始及开始后的相应礼仪。

双方出席开幕式的人员入场后,宾主面向外分左右两边排开。主持人宣布大会开始,首先请开幕式主办单位的主要负责人或代表团团长致辞。若是双方合作,一般请一方负责人致开幕词,请另一方致贺词。致辞后即开始由代表团中身份最高的官员剪彩。若是双方合作,则可各推举一位负责人同时剪彩。剪彩结束后,主人可陪同宾客参观。有时还举行执行会。

涉外签字仪式

(1)确定人员。

签字人由缔约各方根据文件的性质和重要性协商确定。可由国家领导人出面,也可由政府有关部门负责人出面,但各方签字人的身份应该大致相当。按惯例,参加签字仪式的,应是双方参加会谈的全体人员;如一方要求让某些未参加会谈的人员出席,另一方应予以同意,但双方人数最好大体相等。

(2)仪式准备。

举行签字仪式之前,要准备好文本。文本的定稿、翻译、印

刷、校对、装订、盖印等，均要确保无误，同时还要准备好签字时用的国旗、文具，确定助签人员，事先与对方就有关细节问题洽谈。

（3）现场的布置。

签字的现场布置各国不尽相同。有的国家在签字厅内设置两张方桌为签字桌，双方签字人各坐一桌，双方的小国旗分别悬挂在各自的签字桌上，参加仪式的人员坐在签字桌的对面；也有的安排一张长方桌为签字桌，签字人分坐左右，国旗分别悬挂在签字人身后，参加签字仪式的人员分坐签字桌前方两旁。

我国的做法是在签字厅内设一长桌，桌面覆以深绿色的台呢为签字桌。桌后放两把椅子，为双方签字人座位，主左客右。座前摆放本国保存的文本，文本前面放有签字文具。桌子中间摆一旗架，悬挂双方国旗。双方参加仪式的其他人员，按身份顺序排列于各自签字人员的座位之后，双方助签人员分别站在各自签字人员的外侧。

（4）仪式开始后的礼仪。

签字仪式开始，双方人员进入签字厅。签字人员首先入座，其他人员按宾主身份顺序就位。助签人员分别站立在各自签字人的外侧，协助翻译文本，指明签字处。签字人在本国保存的文本上签字后，由助签人员传递文本，再在对方保存的文本上签字。签毕，双方签字人交换文本，并互相握手。此时，可上香槟酒，宾主双方共同举杯庆贺。多边签字仪式与双边签字仪式大体相似。若只有三四个国家，一般只相应地多配备签字人员座位、签字文具、国旗等物。如果签字国家众多，通常只设一个座位，由文本保存国代表先签字，然后由各国代表按礼宾次序轮流在文本上签字。

涉外谒墓仪式

在涉外丧葬礼仪中,谒墓、献花圈是对被访国人民友好亲善的表示,也是对已故领导人或先烈的敬意。因此,一般地说,只要被访国安排,都要前往。在决定谒墓之前,应先了解该国的政治历史背景。

谒墓的整个过程充满庄严肃穆的气氛,现场安排有仪仗队和军乐队,并派高级官员陪同。参加仪式的人员应穿着深色或素色服装,有的要求着礼服,谒墓时应脱帽。军人若不脱帽应行举手礼。仪式开始时,乐队奏乐,东道国礼兵或谒拜者随行人员,抬着花圈走在前面。谒墓(碑)人由陪同人员陪同,随行于后。卫士分列两旁,持枪致敬。当礼兵将花圈放于碑前时,谒墓人往往要上前扶一扶,整理一下花圈上的飘带。而后稍退几步,肃立默哀。默哀毕,绕陵墓(纪念碑)一周。

5. 用礼貌成就涉外活动

程序礼仪

会见分礼节性、政治性和事务性等三种。礼节性会见时间较短,话题较随意;政治性会见一般涉及双边关系、国际局势等重大涉外问题;事务性会见指一般对外交涉、业务商谈等。

会谈,指多边或双边就某些重大问题以及共同关心的问题交换意见。会谈也可涉及洽谈公务,或者对某些具体业务进行谈判。会谈的内容较正式，政治性或专业性较强。

会见、会谈是社交礼仪的基本形式，在国际交往中较为常见。其活动程序一般如下：

（1）要求会见。要求会见方应向接见方说明被会见人姓名、职务以及要求会见何人、会见目的。接见方应尽早回复。

（2）接见方的安排者，应主动向对方了解上述情况，做好安排并通知有关出席人员。

（3）准确掌握会见与会谈的时间、地点和双方出席人员名单，及早通知有关单位和人员做好各项准备工作。接见方应提前到达。

（4）会见与会谈场所的座位要安排足够。如双方人数较多，厅室面积较大，则应准备扩音设备。会谈如用长桌，事先应排好座位图。现场放置座签，座签上的字体应配有中外文，字迹要工整清晰。

（5）如要合影，应事先排好位次，人数较多则要准备梯架。位次安排应由主人居中，按礼宾次序，以主人右手为上，主客双方间隔排好。要考虑人员身份，同时要考虑场地大小，即能否全部摄入画面。一般由主方人员站两端。

（6）主人应在门口迎接客人。可以在大楼正门迎接，也可以在会客厅门口，或者先由礼宾人员在大门口迎候，再引入会客室。如要合影，应安排在宾主握手之后。会见结束时，主人应送至车前或门口握别，目送客人离去后再退回室内。

（7）领导人之间的会见或会谈，除陪同人员和必要的翻译、记录员外，其他人员在安排就绪后均要退出。如允许记者采访，也只是在正式谈话开始前几分钟，然后全部离开。谈话期

第八章 涉外礼仪，国际交往不失大体

间，旁人不要随意进出。

一般官员、民间人士的会见，安排方面与上述相同，也应事先申明来意，约妥时间、地点，通知来人身份和人数，准时赴约。礼节性拜访一般不要逗留过久，半小时左右即可告辞。客人来访后，应伺机回访。如客人为祝贺生日、节日等喜庆日来访，可暂不回访，而在对方节日、生日时前往探望祝贺。

座次礼仪

在国际社交礼仪活动中，会见、会谈是较正规的活动，要求慎重对待，其重点在于座位的安排。下面分别介绍一下会见和会谈的座位安排方式。

（1）会见的座次。

会见一般安排在会客室或办公室。通常宾主各坐一边，也有穿插坐在一起的。某些国家的会见还有其独特礼仪程序，如双方简短致辞、赠礼、合影等。我国习惯在会客室会见，客人坐在主人右边，翻译和记录员坐在主人和主宾的后面。其他客人按礼宾顺序在主宾一侧就座，主方陪同人员在主人一侧。座位不够时可在后排加座。

（2）会谈的座次。

会谈通常用长方形、椭圆形或圆形桌子，宾主相对而坐，以正门为准，主人坐背门一侧，客人面向正门，主谈人居中。我国习惯把译员安排在主谈人右侧，但有的国家也让译员坐在后面，一般应该尊重主人的安排。其他人按礼宾顺序左右排列。记录员可以安排在后面，如果会谈人数少，也可安排在前排就座。

如会谈长桌一端向正门，则以入门的方向为准，右为客方，左为主方。

多边会谈，座位可摆成圆形、方形等。

小范围会谈，有时只设沙发，座位按会见座次安排。

礼节要求

会见、会谈的礼节要求比较正规，因此要特别注意。主要分为介绍、握手、谈话三项。

（1）介绍。

①正式会见，应由第三者介绍。介绍时要自然得体，要有礼貌地以手示意，而不要用手指指点点。

②介绍有先后之别。应把身份低、年纪轻的介绍给身份高、年纪大的，把男子介绍给妇女（我国传统介绍方式则相反）。介绍时，除妇女和年长者外，一般应起立；在会谈桌旁可不必起立，被介绍者只要微笑、点头就可以了。

③在我国，一般由引见人先将外宾向我方人员介绍，然后将我方人员向外宾介绍。如果外宾是知名人士（如国家元首等），就只将我方人员向外宾介绍。介绍时，应将双方姓名、职务介绍出来，称呼可酌情而定。

（2）握手。

握手是大多数国家相互见面和告别的礼节，在国际交际场合，运用最普遍，一般在相互介绍和会面时握手。

①在会见、会谈场合，在双方介绍完以后，可相互握手，寒暄致意。关系亲近的可边握手边问候，甚至两人双手长时间握在一起。在一般情况下，轻握一下即可。但年轻者对年长者，身份低者对身份高者则应稍用欠身，双手握住对方的手，以示尊敬。男子与妇女握手时往往只轻握一下妇女的手指部分。老朋友可以例外。除特殊原因外，不要坐着与人握手。但如果两人相邻或相

对而坐，可以微屈前身握手。

②握手应由主人、长者、身份高者、妇女先伸手，客人、年轻者、身份低者见面先问候，待对方伸手再握。多人同时握手注意不要交叉。男子在握手前应先脱下手套、摘下帽子。握手时双目注视对方，微笑致意，不要看着第三者握手。但按西方传统，位尊者和妇女可以戴手套握手。作为主人，主动、热情、适时握手是很必要的，这样做可以增加亲切感。军人戴军帽与对方握手时，应先行举手礼，然后再握手。

（3）谈话。

①在国际交往中，同外宾会见、会谈时，要落落大方，诚恳自然。同时注意内外有别，不要强加于人，自吹自擂。

②外宾谈话时，不要轻易打断，要给对方充分表达思想的机会。要面向外宾，注意倾听，不可只和我方人员或译员私下嘀咕，也不要作出心不在焉或闭目养神状。谈话声音应高低适中。如没有听明白，不妨再问一遍。如发觉外宾对我方谈话有未领会的神情，应及时通过译员解释清楚。

③与外宾谈话，要实事求是。称赞对方不宜过分，自己谦虚也须适当。不要打听外宾的私事，更不要以对方的生理特征为话题。涉及对外事项和外宾的各种要求，如无把握，不能擅自表态许诺。我方的内部安排，未经许可，不得向外宾透露。自己不清楚的事不要随便答复，答应了的事，一定要设法办到。

6. 有品位的宴请活动

涉外宴请指国际交往中出于某种需要设宴招待客人的礼仪活动，它是最常见的交际形式之一。国际上通行的宴请形式有宴会、招待会、茶会、工作餐等。下面分别介绍一下几种宴请礼仪。

宴会

宴会指在正餐时间举行的宴请活动，必须坐下进食，由服务员依次上菜。它大体分为国宴、正式宴会和便宴三种。按举行的时间，又有早宴、午宴和晚宴之分。一般来讲，晚宴比白天的宴请较为隆重和正式。

（1）国宴。

国宴是涉外宴请中规格最高的形式。国宴是国家元首或政府为招待国宾、其他贵宾或在重要节日为招待各界人士而举行的正式宴会。宴会厅内悬挂国旗，安排乐队演奏国歌及席间乐（一般为两国民族乐曲），席间要致祝词或祝酒词。

（2）正式宴会。

与国宴的安排大体相同，只是不挂国旗、不奏国歌以及出席规格有所不同。有时也安排乐队奏席间乐。宾主均按身份排位就座。对餐具、酒水、菜肴、陈设以及服务员的装束、仪态的要求都很严格。通常菜肴包括冷盆、汤和几道热菜（中餐一般用四五道，西餐多用两三道），最后上点心、甜食和水果。国外宴会餐前还要上开胃酒。常用的开胃酒有：雪梨酒、白葡萄酒、马提尼酒、金酒加汽水（冰块）、苏格兰威士忌加冰水（苏打水），另外也上啤酒、果汁、矿泉水等饮料。席间佐餐用酒，一般多用红、白葡萄酒，很少用烈性酒，尤其是白酒。餐后在休息室上一小杯烈性酒，通常为白兰地。

我国在这方面做法简单，餐前一般在会客室稍做叙谈，通常只上茶和饮料，也可直接入席。席间一般用两种酒，一种甜酒，一种烈性酒。餐后不再回会客室，也不用上餐后酒。

（3）便宴。

指非正式宴会，常见的有午宴和晚宴，也有共进早餐的。这类宴会形式简便，可以不排座次，不做正式讲话，菜肴道数也较少。西方人的午宴有时不上汤，不上烈性酒。便宴较亲切、自然，宜用于日常友好往来。

（4）家宴。

指在家中设便宴招待客人。西方人喜欢采用这种形式，以表示亲切友好。家宴往往由主妇亲自下厨烹调，家人共同招待。

招待会

招待会是不备正餐的较为灵活的宴请方式，备有食物、酒水，通常不排座次，可以自由走动。

（1）冷餐会。

它是目前国际上所通行的一种非正式的西式宴会，在大型的商务活动中尤为多见。这种宴请的特点是不排座次，菜肴以冷食为主，也可以用热菜，连同餐具陈设在菜台上，供客人自取。客人可自由活动，可以多次取食。酒水陈放在桌上，也可由服务员端送。冷餐会可在室内或院子里举行，设小桌椅，自由入座，也可以站立进餐。根据主、宾双方身份，招待会规格可高可低，举办时间一般在中午12时至下午2时、下午5时至7时左右。这种形式一般用于官方正式活动，便于招待人数众多的宾客。

（2）酒会。

又称鸡尾酒会，仅备酒水和小吃，不设座椅，仅置小桌。这种形式较活泼，便于广泛接触交谈。酒会往往在中午、下午、晚上举行。客人可在其间任何时候到达和退席，来去自由。

鸡尾酒是多种酒调制而成的混合饮料。酒会上不一定都用鸡尾酒，但用的酒类品种较多，并配以各种果汁，一般不用烈性酒。食品多为三明治、面包、小香肠、炸春卷等各种小吃，以牙签取食。饮料和食品由服务员用托盘端送，或部分放置在桌上。

随着各国礼宾活动日趋简化，现在国际上举办大型活动往往采用酒会形式。庆祝节日、欢迎仪式，以及各种庆典、文艺演出与体育演出前后往往举行酒会。

茶会

茶会就是指请客人品茶，是一种简便的招待形式。举行的时间一般在下午4时左右（也有上午10时的）。茶会通常设在客厅，厅内设茶几、座椅，不排座位。如是为某贵宾举行的活动，入席时，应有意识地将主宾同主人安排在一起，其他人随意就座。茶会对茶叶、茶具的选择比较讲究，应具有地方特色，如一般用陶瓷器皿和地方名茶。外国一般用红茶，略备点心和风味小吃。也有不用茶而用咖啡者，其组织安排与茶会相同。

工作进餐

工作进餐是现代国际交往中常用的一种非正式宴请形式，边用餐边谈工作，常因日程安排不开而采用这种形式。一般分为工作早餐、工作午餐、工作晚餐。我国现在也开始广泛使用这种形式于外事工作中。它的用餐多以快餐分食的形式，既简便快速，又符合卫生。此类活动只请与工作有关的人员，不请配偶。双边工作进餐往往排席位，并用长桌，以便于谈话。如用长桌，其座位排法与会谈座位安排相似。

7. 部分亚洲国家的社交礼仪

新加坡的社交礼仪

新加坡的全称是新加坡共和国，在世界上有"花园之国"的美称。新加坡的主要宗教为伊斯兰教。除此之外，信徒较多的宗教还有佛教、印度教和基督教。在新加坡，马来语被定为国语，马来语、英语、华语和泰米尔语四种语言同为官方语言，英语则为行政用语。

在社交场合，新加坡人所行的见面礼节多为握手礼。在商务活动时一般穿白衬衫，着长裤，打领带即可。访问政府办公厅仍应着西装、穿外套。新加坡人非常讨厌男子留长发，对蓄胡子者也不喜欢。在一些公共场所，常常竖有一个标语牌："长发男子不受欢迎"。由于新加坡居民中华侨多，人们对色彩想象力很强，一般红、绿、蓝色很受欢迎，视紫色、黑色为不吉利，黑、白、黄为禁忌色。在商业上反对使用如来佛的形态和侧面像。在

社交与礼仪

标志上,禁止使用宗教词句和象征性标志。喜欢红双喜、大象、蝙蝠图案。数字禁忌4、7、8、13、37和69。

朝鲜的社交礼仪

朝鲜的全称是朝鲜民主主义人民共和国。朝鲜的民族是单一的朝鲜族,朝鲜的国语是朝鲜语,它是朝鲜人民的单一民族语言。

朝鲜人在公共场合非常注重礼仪。按照民族传统,朝鲜人与外人相见时所行的见面礼节是鞠躬礼。在行鞠躬礼时,同时问候对方。在行礼时,通常不准戴帽子。在一般情况下,主人要先向客人施礼,晚辈、下属要先向长辈、上级施礼。对方也必须鞠躬还礼。

目前朝鲜人在社交场合大多以鞠躬礼、握手礼并用。在行礼时,他们一般是先鞠躬,后握手。在握手时,可用双手,也可以单用右手。在一般情况下,朝鲜妇女不与男子握手,而是以鞠躬为礼。朝鲜男子与外国妇女握手,则是许可的。在日常交往中,称呼朝鲜人时最好采用尊称或其职务、职称,尽量不要直呼其名。

日本的社交礼仪

日本,正式名称为日本国,是位于亚洲东部的岛国,领土由北海道、本州、四国、九州四个大岛和3900多个小岛组成,西临日本海,与朝鲜半岛隔海相望,东面是太平洋。

日本人见面多以鞠躬为礼。鞠躬弯腰的深浅不同,表示的含义也不同,弯腰最低是最有礼貌的鞠躬。男性鞠躬时,两手自然下垂放在衣裤两侧,若对对方表示恭敬时,多以左手搭在右手上，放在身前行鞠躬礼。在国际交往中，日本人也习惯握手礼。在日本，名片的使用相当广泛，名片交换是以地位低或者年轻的一方先给对方。递交名片时，要将名片正对着对方。在与日本人交谈时，不要边说边指手画脚，别人讲话时切忌插话打断。三人以上交谈时，注意不要冷落大部分人。在交谈中，不要打听日本人的年龄、婚姻状况、工资收入等私事。对年事高的男子和妇女不要用"年迈""老人"等字眼。除非事先约好，否则不要贸然到家里拜访日本人。在日本饮酒是重要的礼仪，客人在主人为其斟酒后，要马上接过酒瓶给主人斟酒，表示出主客之间的平等与友谊。

韩国的社交礼仪

韩国的全称是大韩民国。韩国的官方语言是韩语，即朝鲜语。韩国素有"礼仪之国"的称号，韩国人十分重视礼仪道德的培养，尊敬长者是韩国民族恪守的传统礼仪。

韩国人见面时的传统礼节是鞠躬，晚辈、下级走路时遇到长辈或上级，应鞠躬、问候，站在一旁，让其先行，以示敬意。男人之间见面打招呼互相鞠躬并握手，握手时或用双手，或用左手托着右手前臂进行握手，并只限于点一次头，鞠躬礼节一般在生意人中不使用。和韩国官员打交道一般可以握手或是轻轻点一下头，女人一般不与人握手。在社会集体和宴会中，男女分开进行社交活动，甚至在家里或在餐馆里都是如此。

在韩国，如有人邀请你到家吃饭或赴宴，你应带小礼品，最好挑选包装好的食品。席间敬酒时，要用右手拿酒瓶，左手托瓶底，然后鞠躬致祝词，最后再倒酒，且要一连三杯。敬酒人应把

社交与礼仪

自己的酒杯举得低一些,用自己杯子的杯沿去碰对方的杯身。敬完酒后再鞠个躬才能离开。做客时,主人不会让你参观房子的全貌,不要自己到处看。你要离去时,主人送你到门口,甚至送到门外,然后说再见。同他人相见或告别时,若对方是有地位、身份的人,韩国人往往要多次行礼。行礼三五次,也不算其多。在一般情况下,韩国人在称呼他人时爱用尊称和敬语,但很少会直接叫出对方的名字。

马来西亚的社交礼仪

马来西亚的全称即为马来西亚。马来西亚籍华人和华侨占马来西亚全国总人口的二分之一以上,除此之外,还有少量的印度人和巴基斯坦人。马来西亚是一个以伊斯兰教为国教的国家,全国总人口的一半以上都信奉伊斯兰教。马来西亚的官方语言是马来语。英语和华语则是通用的语言。

在马来西亚,人们见面的时候采用的礼节因民族不同而不同。马来人传统的见面礼节是所谓"摸手礼"。它的具体做法为:与他人相见时,一方将双手首先伸向对方,另一方则伸出自己的双手,轻轻摸一下对方伸过来的双手,随后将自己的双手收回胸前,稍举一下,同时身体前弯呈鞠躬状。与此同时,他们往往还会郑重其事地祝愿对方。马来西亚的华人与印度人,则大多以握手作为见面礼节。现在,马来西亚人的常规做法是向对方轻轻点头,以示尊重,除男人之间的交往以外,马来人很少相互握手,男女之间尤其不会这么做。

第八章　涉外礼仪，国际交往不失大体

8. 部分欧美国家的社交礼仪

美国的社交礼仪

美国的全称是美利坚合众国。地处北美洲中部，东临大西洋，北靠加拿大，南接墨西哥及墨西哥湾。所属阿拉斯加州位于北美洲西北部。美国的主要宗教是基督教和天主教。美国的官方语言是英语。

美国人的见面礼节，一般情况下，以点头、微笑为礼。不是特别正式的场合，美国人甚至连国际上最为通行的握手礼也略去不用了。若非亲朋好友，美国人一般不会主动与对方亲吻、拥抱。在商务往来中，他们尤其不会这么做。

美国人在穿着上大都喜深色西装配着黑色皮鞋，深色袜子，切忌白袜黑鞋。正式场合或上班时，女性以裙装为宜，男性应打领带，穿深色西服。着晚礼服裙摆应长及脚踝，并着高跟鞋。行路一般以右为尊，女士同行，男士应走左边，出入应为女士推门。搭车时，车主驾车，前座为尊，反之则以后座右侧为尊。自己开车时须先为客人开车门，等坐定后始上车启动。在美国社会中，人们的一切行为都以个人为中心，个人利益是神圣不可侵犯的。这种准则渗透在社会生活的各方面。人们日常交谈，不喜欢涉及个人私事。有些问题甚至是他们所忌谈的，如询问年龄、婚姻状况、收入多少、宗教信仰、竞选中投谁的票等等都是非常冒

社交与礼仪

昧和失礼的。

加拿大的社交礼仪

加拿大的全称即为加拿大。加拿大国民的主体是英法两国移民的后裔所构成的。一般而言,英裔加拿大人大多信奉基督教,讲英语,而法裔加拿大人则大都信奉天主教,讲法语。加拿大的基本国情是地广人稀,特殊的环境对加拿大人的待人接物有一定影响。加拿大官方语言是英语和法语并用,实行的是"双语制"。

在加拿大,人们相遇时,都会主动向对方打招呼、问好。即便彼此双方不相识,通常也往往会这么做。要是见过一次面的人再度相逢时,则双方通常都会显示出更大的热情。他们除了要互致问候之外,彼此一定还要热烈地握手。加拿大人跟外人打交道时,只有在非常正式的情况之下,才会对对方连姓带名一同加以称呼,并冠以尊称。在一般场合里,加拿大人在称呼别人时,往往喜欢直呼其名,而略去其姓。

德国的社交礼仪

德国的全称是德意志联邦共和国。德国的主体民族是德意志人。此外,在德国还生活着少量的丹麦人、吉普赛人、索布人等。德国的主要宗教是基督教和天主教。德国的官方语言是德语。

德国人在人际交往中对礼节非常重视。在社交场合,德国人通常都采用握手作为见面礼节。与德国人握手时,要注意务必坦然地注视对方,并且握手的时间宜稍长一些,晃动的次数宜稍多一些,握手时所用的力量宜稍大一些。对于初次见面的成年人以

第八章 涉外礼仪，国际交往不失大体

及老年人，务必要称之为"您"。对于熟人、朋友、同龄者，方可以"你"相称。在德国，称"您"表示尊重，称"你"则表示地位平等、关系密切。

德国人极度厌恶"13"与"星期五"。他们对于四个人交叉握手，或在交际场合进行交叉谈话，也比较反感。因为这两种做法，都被他们看作是不礼貌的。德国人认定，在路上碰到了烟囱清扫工，便预示着一天要交好运。在德国，星期天商店一律停业休息。在这一天逛街，自然难有收获。向德国人赠送礼品时，不宜选择刀、剑、剪、餐刀和餐叉，以褐色、白色、黑色的包装纸和彩带包装、捆扎礼品，也是不允许的。与德国人交谈时，不宜涉及纳粹、宗教与党派之争，在公共场合窃窃私语，德国人认为是十分无礼的。

意大利的社交礼仪

意大利的全称是意大利共和国。意大利的主要宗教是天主教。根据1929年意大利政府与罗马教廷签订的《拉特兰条约》的规定，天主教为意大利的国教，官方语言是意大利语，在个别边境地区，也有一些人讲法语和德语。

意大利人的时间观念极为奇特。在外人眼里，他们似乎来去匆匆，却又不很守时，至少在社交活动中是这样的。一般来说，与别人进行约会时，许多意大利人都会晚到几分钟。据说，意大利人认为，这既是一种礼节，也是一种风度。意大利人在正式社交场合一般是着西式服装，尤其是参加一些重大的活动十分注意着装整齐，喜欢穿三件式西装。意大利人说话时喜欢靠得近些，有时几乎靠在一起。他们不喜欢在交谈时别人盯视他们，认

社交与礼仪

为这种目光是不礼貌的。他们喜欢用手势来表达个人的意愿。意大利人在社交场合与宾客见面时常施握手礼,亲朋好友久后重逢会热情拥抱,平时熟人在路上遇见,则招手致意。意大利人请客吃饭,通常是到饭馆里去,有时也会在家中宴请亲朋好友。他们请客时往往茶少酒多,在正式宴会上,每上一道菜便有一种不同的酒。

英国的社交礼仪

英国是近代工业革命的发源地,全称"大不列颠及北爱尔兰联合王国"。英国居民大多数信基督教,一些英国人还信奉罗马天主教、伊斯兰教、佛教、印度教、锡克教、犹太教等。

英国人不喜欢夸夸其谈,感情不大外露,也不喜欢在公共场合引人注目。在交际应酬中,他们轻易不会与别人一见如故,更不会立即称兄道弟,推心置腹。与外人进行交往时,英国人一般都非常善解人意,懂得体谅人、关心人、尊重人。在一般情况下,他们都不爱跟别人进行毫无意义的争论,而且极少当着外人的面使性子、发脾气。

英国人待人十分客气。"请""谢谢""对不起""你好""再见"一类的礼貌用语,他们是天天不离口的。在进行交谈时,英国人,特别是那些上年纪的英国人,喜欢别人称呼其世袭爵位或荣誉的头衔。至少,也要郑重其事地称之为"阁下"或是"先生""小姐""夫人"。在交际活动中,握手礼是英国人使用最多的见面礼节。在一般情况下,与他人见面时,英国人既不会像美国人那样随随便便地"嗨"上一声作罢,也不会像法国人那样非要跟对方热烈地拥抱、亲吻不可。英国人认为,那些做法,都有失风度。

9. 其他国家的礼仪

埃及的社交礼仪

埃及的全称是阿拉伯埃及共和国。埃及由阿拉伯人、科普特人、贝都因人、努比亚人等多个民族所构成。埃及的主要宗教是伊斯兰教。阿拉伯人普遍信奉伊斯兰教。国语是阿拉伯语。

在人际交往中,埃及人所采用的见面礼节,主要是握手礼。与其他伊斯兰国家的人士打交道时的禁忌相同,同埃及人握手时,最重要的是忌用左手。在社交活动中,跟交往对象行过见面礼后,双方往往要互致问候。为了表示亲密,埃及人只要当时有时间,问候起交往对象来,往往会不厌其烦。除了个人隐私问题之外,当时所能想到的人与事,他们几乎都会问候一遍。他们的这种客套,有时会长达几分钟,甚至十几分钟。跟埃及人打交道时,除了可以采用国际上通行的称呼,倘若能够酌情使用一些阿拉伯语的尊称,通常会令埃及人更加开心。

澳大利亚的社交礼仪

澳大利亚的全称是澳大利亚联邦。人口主要是外国移民的后裔。在外国移民后裔里,欧洲各国的移民后裔,尤其是英国移民的后裔又占绝大多数。澳大利亚的主要宗教是基督教,官方语言是英语。

社交与礼仪

澳大利亚人在第一次见面或谈话时,通常互相要称呼为先生、夫人或小姐,熟悉之后就直呼其名。人们相见时喜欢热情握手,并喜欢和陌生人交谈。澳大利亚人言谈话语极为重视礼貌,文明用语不绝于耳。他们很注重礼貌修养,谈话总习惯轻声细语,很少大声喧哗。在他们的眼里,高声喊叫是一种不文明的粗野行为。在澳大利亚,要注意使自己的穿着打扮得体。在一般场合,不必西装革履或浓妆艳抹,只要穿一些便服即可。但在诸如典礼、仪式、宴会、婚礼、剧院等正式场合,却非着西装不可。初次见面不要直接询问个人问题,如年龄、婚姻、收入等,特别不要问原国籍的问题。澳大利亚人还有个特殊的礼貌习俗,他们乘出租车时,总习惯与司机并排而坐,即使他们是夫妇同时乘车,通常也要由丈夫在前面,妻子独自居后排。他们认为这样才是对司机的尊重,否则会被认为失礼。他们时间观念非常强,对约会是非常讲究信义的,有准时赴约的良好习惯。

南非的社交礼仪

南非的全称是南非共和国。南非的主要宗教是基督教,分黑人、白人、有色人和亚裔四大种族,其中黑人所占比重最多,超过总人口的70%,官方语言为英语和南非荷兰语。

南非曾一度为英属殖民地,当地种族观念根深蒂固,礼仪也因此而不同。白种人的社交礼仪基本是英国社交礼仪的延承,见面握手,尊称"先生""夫人""小姐",这些已被世人所熟知。而在一些黑人的部族中,则保留着当地特殊的礼仪,比如以鸵鸟毛或孔雀毛赠予贵宾,贵宾要立即把这些珍贵的羽毛插入头发或帽子,以示回礼。官方或商务交往时,需着样式保守、颜色偏深的套装或正装，以表尊重。做客于南非人家，当地人会盛情地拿出家中自制的啤酒招待客人，客人需多喝，最好能一饮而尽，以表谢意。

新西兰的社交礼仪

新西兰的全称即为新西兰。新西兰的畜牧业极度发达，国民经济以其为主，因此，又有"畜牧之国""牧羊之国"之称。新西兰由欧洲移民后裔、毛利人、华人等民族构成，新西兰的主要宗教是基督教和天主教，新西兰的通用语为英语，但毛利人依然习惯于讲本民族的语言毛利语。

在新西兰社会中，欧洲移民的后裔，其中特别是英国移民的后裔，不仅占了人口的绝大多数，而且其待人接物的具体做法也居于主导地位。握手礼是新西兰人所用最多的见面礼节。不过与新西兰妇女握手时，必须由其首先伸出手来。新西兰人在向尊长行礼时，有时会采用鞠躬礼。他们行鞠躬礼的做法与中国人鞠躬时低头弯腰有所不同的是，新西兰人鞠躬时是抬着头，挺着胸的。新西兰人路遇他人，包括不相识者时，往往会向对方行注目礼，即面含微笑目视对方，同时问候对方。在普通的交际场合，新西兰人非常反对讲身份、摆架子。在新西兰，各行各业的人都会对自己的职业引以为荣，并且在彼此之间绝对不分三六九等。称呼新西兰人时，直呼其名常受欢迎，称呼头衔却往往令人侧目。

10. 世界各国的民俗禁忌

礼仪不仅表现为一种精神文明，而且是我们扩大交流、增进友谊、促成合作的重要手段。因此，我们在涉外交往中不仅要求以礼待人，还要求人们对世界各国的传统文化、风土人情、民俗禁忌有广泛的了解，以通晓异国的礼仪来增进友谊，促进经济的合作。

颜色的忌讳

棕黄色：巴西人认为棕黄色意味着凶丧，因此非常忌讳。

绿色：日本人大都忌用绿色，认为绿色是不吉利的象征。

黑色：欧美许多国家以黑色为丧礼的颜色，表示对死者的悼念和尊敬。

淡黄色：埃塞俄比亚人、叙利亚人以穿淡黄色的服装表示对死者的深切哀悼，因此视为死亡之色。在巴基斯坦黄色是僧侣的专用服色，所以普通的民众基本上都不穿黄色的衣服。而委内瑞拉却用黄色作医务标志。

蓝色：比利时人最忌蓝色，如遇有不吉利的事，都穿蓝色衣服。埃及人也同样忌讳蓝色，因为蓝色在埃及人眼里是恶魔的象征。

另外，印度人喜爱红色、蓝色和黄色等鲜艳色彩，不欢迎黑色和白色。伊拉克人视绿色代表伊斯兰教，黑色用于丧事，客运行业用红色，警车用灰色，丧服用黑色。尼日利亚人视红色、黑色为不吉祥色。马达加斯加视黑色为消极色，喜好鲜明色彩。

第八章 涉外礼仪，国际交往不失大体

数字的忌讳

"13"：西方人认为13是不吉利的，应当尽量避开，甚至每个月的13日，有些人也会感到忐忑不安。

"5"：西方人也避谈星期五，如果星期五出了事，就归罪于这是个黑色星期五。尤其是逢到13日又是星期五时，最好不举办任何活动。有些人就会因此而闭门不出，唯恐发生不吉利的事情。

"4"：在中文和日文中"4"的发音与"死"相近似，所以在日本与朝鲜等东方国家将它视为不吉利的数字，因此这些国家的医院里没有四号病房和病床。在韩国，昔日的旅馆没有4层楼，门牌没有4号，几乎什么东西都不用"4"字，一些家庭生了第4个儿子或女儿，也被认为不吉利，孩子常常受虐待。

"9"：在日语中"9"发音与"苦"相近似，属忌讳之列。

花卉的忌讳

荷花：对于中国、泰国、印度等国家来说，对其评价极高，而对于日本，荷花却被认为是不祥之物。

菊花：在法国，当你应邀到朋友家中共进晚餐，切忌带菊花，菊花代表哀悼，因为只有在葬礼上才会用到；意大利人和西班牙人同样不喜欢菊花，认为它是不祥之花，但德国人和荷兰人对菊花却十分偏爱。

郁金香：德国人认为它是没有感情的花，所以德国人大都不喜欢送郁金香。

另外，巴西人忌讳黄色和紫色的花，认为紫色是妨碍的色调，视黄色为凶丧的色。